더 넓은 세상을
보여 주는 교과서

권위

함께 나누고 키우는 힘

★ 이 교재의 초·중·고등별 **교사용 지도서**와 **학생용 활동지**는 민주화운동기념사업회 홈페이지 〈자료실〉 에서 내려받으실 수 있습니다.

Foundation of Democracy: Authority

by Center for Civic Education

Copyright ⓒ 1997 Center for Civic Education

고등학생을 위한 민주주의 **권위편**

더 넓은 세상을
보여 주는 교과서

권위

함께 나누고 키우는 힘

김원태 · 김혜자 · 송순선 · 김현진 엮고 씀   민주화운동기념사업회 · 학교시민교육연구회 기획

미국 시민교육센터(CCE) 시민교육 프로그램 공유 출판 도서

살아 있는 민주주의,
진화하는 민주주의를 위하여

살아 있는 민주주의는 늘 변화·발전하며, 그 진화에는 끝이 없습니다. 살아 있는 민주주의는 완전한 형태로 성취될 수도 없지만, 우리가 방심한다면 쉽게 사라질 수도 있는, 나약하면서도 늘 변화하는 과정에 있는 것입니다. 그렇기에 이에 대해 늘 관심을 갖고 지켜보아야 하며, 더 나아가서는 이를 지켜 내려는 희생이 필요하기도 합니다.

민주주의를 실현하려는 사회에서는 제도뿐 아니라 이를 실천에 옮기려는 사회 구성원들의 의지도 중요합니다. 그 사회에 살고 있는 대다수의 시민들이 민주주의에 대해 무지하거나 그것을 적절히 실천할 수 있는 방법과 절차를 알지 못한다면, 민주주의는 결코 진화할 수 없을 것입니다. 제도 개선과 함께 올바른 의식을 갖춘 시민을 양성하는 일은 민주주의 발전 과정에서 자연스러운 것입니다. 따라서 우리나라의 학교는 의식적으로 계획된 교육 과정을 통해 민주적인 정치의식이나 신념 및 태도 들을 '어린 시민' 들에게 내면화하는 중요한 역할을 해야 합니다.

우리 사업회가 2005년 전국사회교사모임에 의뢰한 연구 보고서는 전국 1,000여 명의 초·중·고 교사들의 응답을 다음과 같이 정리하였습니다.

교육 과정상의 모든 교과는 민주 시민 교육을 지향하도록 하고 있으며, 재량 활동과 특별 활동에서도 민주 시민 교육과 민주 시민의 자질을 형성하도록 되어 있는데도 불구하고 교과 및 특별 활동, 창의적 재량 활동, 이들을 포함하는 전반적인 교육 활동상에서 민주 시민 교육에 대한 기여도가 평균 이하로 나오는 것으로 보아 현재 학교에서 이루어지고 있는 교육 활동이 민주 시민 양성이라는 궁극적인 목표를 제대로 달성하지 못하고 있는 것으로 판단된다.

그리고 이 연구에 따르면 우리나라 교사들은 책임감, 인권, 참여, 정의, 관용을 우선적으로 다루는 시민 교육 교재 프로그램이 필요합니다. 따라서 민주화운동기념사업회는 2008년 10월 미국 시민교육센터(CCE)와 양해 각서(MOU)를 체결하여 '민주주의의 기초(Foundations of Democracy)' 라는 시민 교육 프로그램을 우리 학생들에게 맞게 한국형으로 개발하였습니다.

이미 몇 년 전부터 이 프로그램에 관심을 갖고 공부했던 교사들이 있었기에 별다른 어려움 없이 이 책을 출판할 수 있었습니다. 우리 사업회보다 먼저 관심을 갖고 공부 모임에 참여하셨던 공영아 · 김만균 · 김미란 · 김소

연 · 김원태 · 김주연 · 김현진 · 김혜자 · 남궁혜영 · 남현 · 노미영 · 문덕
순 · 문희윤 · 박정은 · 배성호 · 손진근 · 송순선 · 양설 · 윤지아 · 이근
화 · 이미정 · 이민정 · 이범기 · 이은주 · 이정은 · 이지영 · 이현주 · 이혜
숙 · 장대진 · 정경수 · 천희완 · 최성은 · 한은희 · 허효정 · 황은주 선생님
께 감사의 마음을 전합니다.

2011년 6월

민주화운동기념사업회 이사장 정성헌

우리 사회를 만드는 권위는
어디서 나오고, 왜 있어야 할까요?

대한민국 제헌 헌법(1948년)에서는 무엇을 정부 권위의 원천이라고 보고 있습니까?

"대한민국은 민주공화국이다. 대한민국의 주권은 국민에게 있고, 모든 권력은 국민으로부터 나온다."

대한민국 제헌 헌법의 위 조항은 정부에 관련된 가장 기본적인 개념 중의 하나입니다. 국민은 정부에 우리를 지배할 수 있는 권력의 지위(권위, authority)를 부여합니다. 우리의 생명과 자유와 재산을 관리할 수 있는 그 권한에는 또한 기준과 한계가 규정되어 있습니다.

시민으로서 우리는 '기본적인 권리(기본권)'를 가지고 있는데, 이를 통해 우리가 정부에 위임한 권위를 정부가 잘 사용하고 있는지 감시할 수 있습니다. 우리는 투표권을 행사하거나 정치적 과정에 참여하거나 또는 직접 정부를 구성함으로써 이 권리를 행사합니다.

이와 같은 시민의 권리에는 권위의 행사에 따르는 여러 가지 문제를 잘 처리해야 할 책임이 따릅니다. 이를 위해 우리는 권위를 이해하여야 하며, 그 사용에 관해 올바른 결정을 내려야 합니다. 또한 우리는 '권위는 무엇일까?', '권위는 어디에서 오는 것일까?', '왜 권위가 필요하지?' 와 같은 질문에 답을 할 수 있어야 합니다.

국민의 자유와 권리를 보호받고 국가 권력과 공직자를 통제하기 위해서는 헌법에서 보장한 권위에 대하여 배우고 실천해야 합니다. 권위의 성격을 이해하고 존중하지 않으면 사회 질서가 무너질 수 있으며, 공직자를 제대로 통제하지 않으면 국민의 권익이 침해당할 수 있기 때문입니다. 이 책은 여러분이 권위의 문제를 더욱 잘 이해할 수 있도록 해 주고, 자유로운 사회의 시민으로서 생활 속에서 매일 일어나는 권위의 문제를 효과적으로 다룰 수 있도록 도와줄 것입니다.

《권위, 함께 나누고 키우는 힘》은 미국 시민교육센터(CCE)에서 개발하고 세계적으로 널리 보급된 '민주주의 기초(Foundation of Democracy)' 시리즈 중 '권위(Authority)' 편을 한국 실정에 맞게 응용하여 쓴 것입니다. 학생 한 사람, 한 사람이 권위와 관련된 민주주의 가치를 자연스럽게 받아들이고, 일상생활에서 실천할 수 있기를 바랍니다.

2011년 6월

김원태 · 김혜자 · 송순선 · 김현진

CONTENTS

PART I

권위의 의미

PART II

권위의 지위에 적합한 후보자들의 평가 방법

PART III

규칙과 법을 평가하는 방법

PART IV

권위의 이익과 비용

PART V

권위의 범위와 한계

PART I

권위의 의미

01. 권위와 권위가 없는 힘의 차이는 무엇인가요?

02. 권위의 원천은 무엇인가요?

03. 우리는 권위를 어떻게 사용할 수 있나요?

이 사진에서는 권위를 어떻게 묘사하고 있습니까?

어떤 사람이 여러분에게 언제 무엇을 해야 한다고 말할 권리가 있습니까? 혹은 여러분이 다른 사람에게 언제 무엇을 해야 할지 말할 권리가 있습니까?

이는 어려운 문제입니다. 이에 대한 답은 권위(규칙이나 우리를 통치하는 사람)에 따라 해야 한다는 것입니다. 우리는 집과 학교 그리고 직장과 정부 기관에서 매일 직면하는 권위의 문제들을 다루기 위해 권위란 무엇인가에 대한 답을 할 필요가 있습니다.

이 단원에서는 권위의 의미에 대해 생각해 볼 것입니다. 여러분은 권위(authority)와 권위가 없는 힘(power)의 차이, 즉 힘을 사용할 수 있는 권리(right)를 가진 사람과 이를 가지지 못한 사람 간의 차이에 대해서 배웁니다. 또한 권위의 근원들에 대해 검토해 보고, 권위의 필요성에 대해 토론해 볼 것입니다. 이를 통해 권위를 지닌 사람과 여러분의 생활을 지배하는 규칙들에 관한 어려운 질문들을 해결할 수 있습니다.

01. 권위와 권위가 없는 힘의 차이는 무엇인가요?

권위의 의미에 대해 살펴보고 권위와 권위가 없는 힘의 차이점에 대해 설명해 봅시다.

힘과 권위

힘과 권위. 이 두 가지를 구분하는 것은 중요합니다. 여러분은 힘(power)을 사용하는 어떤 사람에 의해 여러분의 의지와는 상관없는 무언가를 해야 했던 적이 있을 것입니다. 때로 그 사람은 여러분에게 그렇게 할 권리(right)를 가지고 있을 수도, 가지고 있지 않을 수도 있습니다. 언제, 어떤 사람이 여러분의 행동을 통제할 권리를 가지게 될까요?

- 부모님은 여러분에게 몇 시까지 집에 오라고 말할 권리가 있습니까? 그 이유는 무엇입니까?
- 여러분은 동생들에게 TV를 만지지 말라고 할 수 있는 권리가 있습니까? 그 이유는 무엇입니까?
- 교장 선생님은 여러분에게 일과 시간에 교내를 떠나지 말라고 요구할 권리가 있습니까? 그 이유는 무엇입니까?
- 친구들은 여러분이 원하지 않는 것을 시킬 권리를 가지고 있습니까? 그 이유는 무엇입니까?
- 정부 기관은 여러분이 옳지 않다고 생각하는 법을 따르도록 요구할 권리가 있습니까? 그 이유는 무엇입니까?

이 질문에 대답하기 위해서, 우리는 힘과 권위의 차이점에 대해 알아야 합니다. 힘과 권위를 제대로 알기 위한 방법들은 많겠지만, 우선 다음의 용어들을 통해 힘과 권위에 대해 파악해 볼 수 있습니다.

힘(Power)은 어떤 대상을 조절하거나 통제할 수 있는 능력입니다. 때때로 사람들은 힘을 사용할 권리를 가질 수도 있고, 갖지 못할 수도 있습니다.

- 도둑이 칼로 위협하며 여러분의 돈을 빼앗을 경우, 도둑은 힘(power)을 사용하고 있으나 그럴 권리(right)는 가지고 있지 않습니다.
- 헌법재판소에서 어떤 법이 위헌이라고 판결을 내릴 경우, 헌법재판소는 힘과 권리를 모두 가지고 있습니다.

권위(Authority)는 힘을 사용할 권리를 가지고 어떤 대상을 조절하거나 통제할 수 있는 능력입니다. 힘을 사용할 수 있는 권리는 법이나 관습, 도덕 원칙에서부터 기인합니다.

- 법이 그들에게 권리를 주었기 때문에, 경찰관은 사람을 체포할 수 있는 권위를 가지고 있습니다.
- 헌법이 그들에게 권리를 주었기 때문에, 국회는 법률안을 통과시킬 권위를 가지고 있습니다.

ⓒ 민주화운동기념사업회

통일주체국민회의의 체육관 선거. 국민의 직접적인 의사에 의해 선출되지 않은 대통령은 권위가 있을까?

● **통일주체국민회의:**
1972년 10월 17일 10월 유신으로 제4공화국이 출범하면서 헌법에 따라 구성된 간접민주주의 기관이다. 유신헌법의 핵심인 대통령의 간접선거 기능을 담당하였다.

생각 넓히기 ①   권위와 권위 없는 힘 구별하기

다음의 기사를 읽고 질문에 답해 봅시다.

경찰청이 전국 지방경찰청 소속 전·의경 가운데 입대 6개월 이하 장병 5,190명을 대상으로 구타·가혹 행위 여부 특별 점검을 벌인 결과 서울청 등 5개 지방청에서 191건의 구타·가혹 행위가 접수됐다. 경찰은 27일에도 나머지 6개 지방청 소속 전·의경들을 대상으로 조사를 벌여 구타·가혹 행위 등과 관련한 피해 사례를 정밀 점검할 계획이다.

경찰청은 지난 23일 발생한 강원지방경찰청 소속 307 전경대 구타·가혹 행위 사건과 관련해 전국 지방청 소속 전·의경 부대를 대상으로 한 1차 특별 점검 결과를 27일 발표했다. 이날의 조사 결과는 서울·경기·인천·대전·충남 등 5개 지방청에서 입대 후 6개월 미만인 '이경' 2,334명을 대상으로 한 결과였다.

경찰에 따르면 서울청은 1,408명으로부터 소원 수리를 받은 결과 116명이 구타·가혹 행위를 받았다고 신고해 가장 많은 수를 기록했다. 뒤이어 경기청이 43명, 인천청이 14명, 대전청과 충남청이 각각 9명씩 구타·가혹 행위를 신고한 것으로 집계됐다. 5개 지방청의 117개 중대 가운데 구타·가혹 행위 신고자가 한 명이라도 나온 부대는 모두 45개 중대로 전체의 38.5%에 달했다. 또 모두 191건의 구타·가혹 행위 중 구타를 당했다고 신고한 이경은 69명으로 나타났다.

이들은 대부분 "암기 사항을 강요하고, 취침 시 코를 곤다는 이유로 뺨을 때렸다", "배가 불러도 밥을 많이 먹게 하고 손깍지를 끼고 정자세로 자게 하면서 일부러 시비를 걸었다", "웃지도 못하게 하고, TV 시청을 못하게 하거나 특정한 행위에 제약을 가하는 '깨스' 등 가혹 행위를 받았다"고 증언한 것으로 전해졌다. 일부 이경의 경우 "엉덩이에 몸을 대고 성행위를 흉내 냈다"는 등 선임병으로부터 받은 성추행 사례를 신고하기도 했다고 경찰은 전했다.

경찰청 관계자는 "구타 행위는 주로 뺨을 맞았다거나 허벅지를 발로 차였다는 등의 물리력을 당한 경우였다"고 말했다. 이 관계자는 "대부분 신고서에 구타·가혹 행위를 당했다고만 적었고, 신고서 밑에다 '상담을 하고 싶습니다' 라고 기재하는 등 정확한 피해 사실을 진술하지 않아 더 조사를 해 봐야 한다"고 말했다.

참고: 〈'손깍지 끼고 정자세로 잠자기' 등 전·의경 가혹 행위 백태〉, 《경향신문》, 2011. 01. 27.

17

1. 위의 신문 기사에서 누가 힘(power)을 사용하고 있나요?

2. 선임병들에 대한 복종과 국가에 대한 복종 간의 차이점은 무엇인가요?

생각 넓히기 ② 권위와 권위 없는 힘의 차이점 설명하기

권위와 권위 없는 힘의 차이점을 잘 이해하기 위해, 다음의 문장을 읽고 질문에 답해 봅시다.

1. 경찰관이 박상민에게 속도위반 스티커를 발부했습니다.

2. 최유식은 이수윤에게 여자 친구에게서 떨어져 있으라고 말하고, 그러지 않으면 가만히 놔두지 않겠다고 경고합니다.

3. 재판관은 주영민을 보호관찰하에 두었습니다.

4. 한기주는 자신의 도덕적 신념상 사람을 죽이는 기구인 총을 드는 것이 옳지 않다고 생각했기 때문에 병역에 복무하는 것을 반대했습니다. 그러자 검찰은 그를 구속했습니다.

5. 양수영은 딸이 토요일 늦은 밤까지 집에 들어오지 않자 딸에게 일주일 동안 집 밖에 나가지 말라고 말했습니다.

6. 반 아이들보다 몸집이 큰 오정석은 교내 매점 줄 앞에 끼어들었습니다.

7. 불법 도박장 주인인 홍주영은 손님에게 당장 빚을 갚지 않으면 몸이 성하지 않으리라고 으름장을 놓았습니다.

8. 한 조직폭력배 일당이 복수하려고 다른 조직폭력배에 총을 쏘아 그들을 불구자로 만들어 버렸습니다.

9. 영화관에서 최송진은 그의 앞에 앉아 너무나 큰 목소리로 대화하는 여자 두 명에게 나가라고 말했습니다.

10. 레스토랑 지배인은 박정은에게 레스토랑의 '금연 구역'에서는 담배를 피울 수 없다고 말했습니다.

어떻게 생각해?

1. 권위를 사용한 상황은 어느 것인가요?

2. 권위 없는 힘을 사용하는 상황을 묘사한 것은 어느 것인가요? 그 이유는 무엇인가요?

3. 권위와 권위 없는 힘의 차이점을 아는 것은 왜 중요한가요?

생활에 적용하기

1. 권위에 대해서 공부하고 있는 동안 여러분은 노트를 마련해야 합니다. 먼저 권위 없는 힘을 사용한 경우와 권위를 사용한 경우를 묘사하는 4개의 사건 (실제 경험, 혹은 상상한 상황)을 써 보세요. 2개는 권위의 사용 예로, 나머지 2개는 권위 없는 힘의 사용 예로 합니다. 여러분이 직접 경험한 내용이나 뉴스 기사, 잡지, 서적, 텔레비전, 영화 등에 등장하는 사건을 사용해도 좋습니다.

2. 권력의 사용을 묘사한 신문기사와 권력 없는 힘의 사용을 묘사한 신문 기사를 각각 2개씩 가져와서 그 차이점을 설명해 보세요.

02. 권위의 원천은 무엇인가요?

핵심 용어 알·아·두·기

- 규칙: 헌법이나 법률에 근거하여 정립되는 성문법의 한 형식.

- 법: 국가 권력에 의하여 강제되는 사회규범.

- 관습: 어떤 사회에서 오랫동안 지켜 내려와 그 사회 성원들이 널리 인정하는 질서와 풍습.

- 역할: 주어진 사회적 지위나 위치에 따라 개인에게 기대되는 행동.

- 제도: 관습이나 도덕, 법률 따위의 규범이나 사회 구조의 체계.

- 도덕 원칙: 도덕과 관련된 행위를 규제하는 근본 원칙.

학 습 길 잡 이

이 장에서는 어디에서 권위를 발견할 수 있는지와 권위를 정당화해주는 일반적인 논쟁에 대해 알아봅니다. 이를 통해 여러분은 다양한 권위의 사례들을 확인할 수 있고, 권위의 원천과 정당성에 대한 상이한 논쟁에 대해서 설명할 수 있을 것입니다.

어디에서 권위를 발견할 수 있는가?

어디에서 권위를 발견할 수 있습니까? 우리는 매일 사람들을 통치하고 우리들의 행동을 좌지우지할 수 있는 권위를 가진 여러 사람을 봅니다. 부모님과 선생님, 경찰관, 정부 관리들은 우리의 행동을 통제할 수 있는 권위를 가진 사람들의 일부입니다. 규칙이나 법도 우리의 행동에 영향을 끼치거나 통제를 가할 수 있습니다. 우리가 곳곳에서 볼 수 있는 권위의 형태는 다음과 같습니다.

　㉠ 규칙과 법(Rules and Laws): 규칙과 법은 사람들의 행동을 통제합니다. 그런 의미에서 규칙과 법은 권위를 가지고 있습니다. 예를 들어, 여러분이 학교에 다니라는 법의 요구를 따른다면, 여러분은 그 법의 권위를 인정하고 있는 것입니다.

　㉡ 관습(Customs): 관습은 사람들이 아주 오랫동안 해 왔던 행동 방식입니다. 관습이 사람들의 행동을 통제할 때, 사람들은 관습이 권위를 가지고 있다고 말합니다. 예를 들어, '가는 말이 고와야 오는 말이 곱다' 라는 속담을 그대로 따라 한다면, 확립된 관습(a well-established custom)의 권위를 인정하고 있는 것입니다.

　㉢ 역할(Roles): 특정 역할은 역할 수행자에게 사람들을 통제할 수 있는 권리를 줍니다. 예를 들어, 경찰관은 사람들에게 교통법규에 따르도록 요구할 수 있는 권리를 가지고 있습니다.

　㉣ 제도(Institutions): 특정 기관 내에서 같이 일하는 사람들은 다른 사람들에게 영향을 끼치거나 통제할 수 있는 권리를 가지고 있습니다. 예를 들어, 개별 의원으로서가 아닌 하나의 기관으로서 국회는 사람들이 따라야 하는 법률을 통과시킬 수 있는 권리를 가지고 있습니다.

　㉤ 도덕 원칙(Principles of Morality): 종교와 윤리, 개인적인 양심에 근거한 옳고 그름에 대한 근본적인 신념은 종종 우리들의 행동을 지배합니다. 예를 들어, 성서는 많은 사람에게 권위를 갖고 있습니다.

권위는 어디에서 오는 것일까?

우리는 곳곳에서 권위를 접하고 있음을 알았습니다. 그런데 이런 권위는 어디에서 오는 것일까요? 특정한 역할과 제도, 법률, 관습과 도덕 원칙들이 어떻게 권위나 권리를 얻게 되었으며, 우리의 행동을 통제하게 되었을까요? 경찰관이 우리에게 무엇을 하는지 대답하도록 하는 권위는 어디에서 오는 것일까요? 사람들은 왜 성서가 그들의 행동을 지배하는 권위를 가지고 있다고 믿을까요? 국회는 어떻게 해서 우리가 따라야만 하는 법률을 통과시킬 수 있는 권위를 얻게 되었나요? 간단히 말해 권위의 원천은 무엇일까요?

때때로 어떤 역할이나 지위에 대한 권위의 원천은 전 단계로 거슬러 올라갑니다. 예를 들어, 학급의 질서를 유지할 수 있는 선생님의 권위는 선생님을 선발하고 학교를 운영하는 규정을 만들 수 있는 권위를 주었던 법률에까지 거슬러 올라가게 됩니다. 그리고 최종적으로 권위는 법률을 제정하는 국회로부터 시작되고, 더 나아가 국회의 근거가 되는 헌법으로부터 시작됨을 알 수 있습니다.

마침내 우리는 "정부와 관습과 도덕 원칙에 대한 권위의 근본적이고도 최종적인 원천은 무엇입니까?"라고 질문할 수 있습니다. 이에 대한 대답에 따라서 우리는 권위가 정당한지 정당하지 않은지에 대한 결론을 내릴 수 있습니다. 다시 말하자면 정부나 관습 혹은 도덕 원칙에 대한 권위의 원천을 검토하는 것은 우리가 그것에 따라야 하는지 말아야 하는지를 결정하는 데 도움을 줄 수 있습니다. 예를 들어, 어떤 관습의 권위가 별다른 생각 없이 오랫동안 순응했던 것일 뿐이라면, 만약 이 관습이 정당한 이유로 말미암아 받아들여지지 않을 때 우리는 이 관습을 따르지 않기로 해도 상관없습니다.

통치자와 정부의 권위를 정당화하는 근거는 무엇인가?

역사적으로, 통치자와 정부는 다음의 원천을 근거로 더 많은 권위를 주장하였습니다.

㉠ **태생적 권리(Birth)**: 어떤 통치자들은 일반 사람들을 통치할 수 있는 권리를 신으로부터 부여받았고 이전의 통치자로부터 그 권위를 물려받았다고 이야기합니다. 세습 군주제와 귀족 정치제에서 이러한 권리를 주장하였습니다.

㉡ **지식(Knowledge)**: 어떤 사람들은 우월한 지식을 가지고 있는 사람이 규칙에 대한 권리를 가져야 한다고 주장하였습니다.

㉢ **지배에 대한 동의(Consent of the Governed)**: 오늘날 많은 정부는 그들의 권위가 근원적으로 권위의 원천인 국민으로부터 온다고 주장합니다. 국민은 정부가 자신들을 다스리는 것에 동의하고, 정부는 국민을 통치하는 권위를 갖게 됩니다.

㉣ **신(A Supreme Being)**: 통치자들은 때로 그들의 권위를 하나님이나 신으로부터 물려받았다고 주장합니다. 예를 들어, 왕과 왕비는 종종 신이 부여한 권리로써 백성을 통치한다고 말합니다. 즉 신이 그들에게 권위를 부여했다고 주장하는 것입니다.

권위의 원천을 아는 것은 왜 중요한가?

우리는 권위를 주장할 수 있는 권리가 있는지를 결정하기 위해서 국민의 동의에 바탕한 권위의 원천을 알고 있어야 합니다. 예를 들어, 헌법이 국회에 어떤 힘을 주었다는 것을 알고 있다면, 우리는 국회에서 통과된 법률이 국회의 권한 안에 있는 것인지 권한 밖에 있는 것인지를 판단하기 위해 헌법을 살펴볼 수 있습니다. 민주정치에서 헌법의 권위는 국민의 동의로부터 오는 것입니다.

무엇을 권위의 원천으로 봐야 하는지에 관해 사람들은 각자 생각이 다릅니다. 또한 어떤 권위의 원천이 더 중요하고 가치가 높은 것인지에 대한 생각도 다릅니다. 이 문제를 논의하기 위해서는 다양한 권위의 원천을 식별하고 평가하는 것이 필요합니다.

국회 본회의 개회에 앞서 국기에 대한 경례를 하고 있다. '국기에 대한 경례'라는 단어는 정부 권위의 원천인 '국민의 동의'를 어떻게 반영하고 있을까?

아래의 글들은 다른 권위의 원천과 관련된 것입니다. 여러분의 선생님이 여러분을 5개의 그룹으로 나눌 것입니다. 각 그룹은 자신들에게 정해진 글을 읽고, 이어지는 질문에 답하기 위해 토의를 하세요. 그리고 여러분 그룹의 답에 대해 반 학생들에게 이야기할 사람 한 명을 고르세요.

[모둠 1] 관습

이 글은 한국의 대표적인 고전 소설인 《심청전》의 줄거리 중 일부입니다. 이 글은 왜 효녀 심청이가 인당수에 몸을 던지게 되었는지를 설명합니다.

"어느 날 이웃집에 방아를 찧어 주러 갔다가 늦어지는 청을 찾아 나선 심봉사는 실족하여 그만 웅덩이에 빠지는 봉변을 당한다. 이때 마침 그곳을 지나던 몽은사 화주승이 그를 구해 주고 공양미 300석을 시주하면 눈을 뜰 수 있다고 하자, 심봉사는 앞뒤 가리지 않고 공양미 300석을 시주하겠노라고 서약한다. 자신의 어리석은 약속을 남몰래 후회하는 심봉사의 고민을 알게 된 심청은 마침 인신공양을 구하러 다니는 남경 상인들에게 자신의 몸을 팔고 그 대가로 받은 공양미 300석을 몽은사에 시주한다. 아버지가 걱정하지 않도록 장 승상 댁 수양딸로 가게 되었다고 거짓말을 한 심청은 행선 날이 되어서야 아버지에게 사실을 고하며 하직 인사를 하는데, 뒤늦게 전후 사정을 알게 된 심봉사는 통곡하며 실신한다. 남경 상인들의 배를 타고 인당수에 당도한 심청은 마지막으로 아버지를 걱정하면서 인당수에 뛰어든다."

심청이는 당시의 절대 법률이던 유교 사상의 '효(孝)'를 실천하기 위해 남경 상인들에게 공양미 300석을 받고 제물로 나서게 됩니다. 그녀가 자신의 몸을 바치게 된 배경에는 유교 사상의 영향이 크게 작용했다고 볼 수 있습니다.

1. 관습이란 무엇인가요?

2. 관습은 어떻게 권위의 원천이 될 수 있었나요?

3. 권위의 원천이 관습이나 전통에 있는 다른 사례는 무엇인가요?

4. 그 관습을 지켜야 하는 데에 따르는 이익과 불이익은 무엇인가요?

[모둠 2] 사립학교 강제 종교 수업에 대한 저항

2004년 기독교계 학교인 서울 대광고 3학년에 재학 중이던 강의석 학생은 학교 방송실에 들어가 마이크를 잡고 매주 수요일 한 시간씩 진행되던 기독교 예배 형태의 수업을 비판하며, 학내 종교의 자유를 주장합니다. 그 후 교육청 앞에서 피켓을 들고 1인 시위를 벌였습니다.

이에 학교는 '학교 기물인 방송 시설을 무단으로 사용하였고, 학생을 선동했다'는 이유로 강 군에게 전학을 권유하고, 이에 불응하자 퇴학 처분의 조치를 내렸습니다. 강 군은 이에 대응하여 퇴학 처분 무효확인소송을 제기하고 장기간에 걸쳐 단식 투쟁을 했습니다.

소송에서 승소한 강 군은 사회적 이슈의 중심인물이 되어, 서울 대학교 법학과에 수시 입학하였고, 2005년 다시 헌법에 보장된 종교·양심의 자유와 평등권 침해, 그리고 퇴학 처분으로 말미암은 정신적 고통을 이유로 모교와 서울시 교육청을 상대로 손해배상 청구 소송을 냈습니다.

1심 재판부에서는 학생의 종교의 자유가 종교 단체 등 선교의 자유보다 우선하므로 학교가 배상해야 한다고 원고 일부 승소 판결을 했으나 항소심 재판부에서는 종교 교과목 외에 대체 과목을 개설하지 않은 것이 종교의 자유 등을 심각하게 침해한 위법행위로 볼 수 없다며 학교 측 손을 들어주었습니다.

소송이 진행된 지 5년 만인 2010년에 대법원의 최종 판결이 나왔습니다. 대법원은 선교 목적으로 설립된 사립학교라도 학생의 종교 자유를 보장해야 한다고 판결했습니다. 재판부는 "대광고가 특정 종교의 교리를 전파하는 행사에 참석하지 않은 학생들에게 불이익을 줘 신앙이 없는 강 씨에게 참석을 사실상 강제했다"며 "수차례 이의 제기가 있었는데도 별다른 조치 없이 행사를 반복한 것은 강 씨의 기본권을 고려한 처사로 보기 어렵다"고 밝혔습니다. 이어 대광고가 종교 과목 수업을 하면서 대체 과목을 개설하지 않고, 종교 행사 참석 여부에 대해 사전 동의도 얻지 않았다며 "대광고의 종교 교육은 우리 사회의 건전한 상식과 법 감정에 비춰 용인될 수 있는 한계를 벗어난 것"이라고 판단했습니다.

참고: 〈"선교 목적의 사립학교도 학생 종교 자유 보장해야"〉, 《경향신문》, 2010. 04. 22.

1. 종교 수업을 시행하는 사립학교의 정책이 가진 권위의 원천은 무엇인가요?

2. 대법원의 판결이 가진 권위의 원천은 무엇인가요?

3. 헌법이 가진 권위의 원천은 무엇인가요?

[모둠 3] 양심적 병역거부

2001년 12월 서울교대 94학번 오태양 씨는 '여호와의 증인'이 아닌 경우로는 처음으로 양심적 병역거부를 선언하게 된다. 이후 양심적 병역거부는 사회적인 이슈로 떠오르며 입대 거부에 대한 논란을 가속한다. 대한민국 헌법 제19조는 "모든 국민은 양심의 자유를 가진다"라고 규정하고 있다.

다음의 글은 오태양 씨가 병역거부를 선언하기 전에 쓴 편지 중의 일부다.

"물론 이러한 저의 행동은 명백히 현행 실정법을 어기는 것이기에 범죄자로서 처벌될 것임이 분명합니다. 기꺼이 저는 양심적 행위의 대가를 받을 것입니다. 그것이 어쩌면 생각보다 훨씬 가혹한 것이어서 제 인생에 지울 수 없는 상처와 오점을 남기는 것이라 할지라도 말입니다. 그렇게 한 것이 제 양심의 울림에 충실할 뿐만 아니라 국가와 이웃에게도 이익이 될 것이라는 평소의 소신을 지키는 것이라는 생각은 지금도 변함이 없습니다. 또한 그것은 사람이라면 누구나 자기 내면의 진실을 좇아 살아갈 때 진정 행복할 수 있으며, 사

회정의와 공공의 이익과도 부합될 수 있다는 제 나름의 믿음에 기초한 선택이기도 한 것입니다."

오태양 씨의 병역거부 선언 이후 2002년 최초로 위헌제청이 됐던 병역법 88조 1항에 대해 헌재는 2004년 합헌 결정을 내렸다. 그러나 헌재는 당시 합헌 결정을 하면서도 입법부에 법률 개정을 통해 병역거부자에 대한 대체복무제를 도입하라고 권고했다. 이에 노무현 정권 말기인 2007년 대체복무제 도입 발표가 나왔지만, 이명박 정권이 들어선 2008년 7월 국방부는 대체복무제 허용을 사실상 백지화하는 견해를 밝혔다. 이렇게 입법을 통한 해결의 가능성이 막히면서, 일선 판사들이 위헌제청이라는 방법을 통해 문제 해결을 촉구하는 양상을 보이고 있다.

참고: 〈'양심적 병역거부' 위헌제청 봇물〉, 《한겨레21》, 2010. 01. 22.

● **위헌제청:** 법률이 헌법에 위반되는지가 재판의 전제가 될 때 재판부가 헌법재판소에 법률의 위헌 여부를 결정해 줄 것을 요청하는 제도.

1. 오태양 씨가 편지에서 밝힌 권위의 원천은 무엇인가요?

2. 개인적 양심이나 도덕적 느낌은 어떻게 권위의 원천이 될 수 있나요?

3. 정부의 법률보다 더 높은 가치를 지닌 법률(도덕률)이 있습니까? 그 이유는 무엇인가요?

4. 법률에 복종하는 것을 거절하는 행동이 공정하지 않은 경우는 언제인가요?

[모둠 4] 대한민국 임시정부

대한민국 임시정부의 탄생은 대한민국의 탄생을 예고하는 신호탄이었다. 1910년 일제에 의해 강제로 병합된 이후 우리 민족은 정치적 정통성이나 법적 정통성이 사라진 상태였다. 민족사에서 사라졌다고 생각한 한민족의 국가 정통성은 3·1운동으로 기사회생했고 임시정부가 탄생하면서 완전히 회복됐다. 그때까지의 독립운동이 조선의 독립이라는 관점에서 접근했던 반면 임시정부는 근대적 가치에 기반을 둔 온전한 민주 국가를 염원하고 있다는 점에서 해방 이후 우리나라가 민주 국가로 재탄생하는 데 결정적으로 이바지했다.

상하이(上海) 임시정부의 탄생 배경

1919년 3·1운동 이후 중국이나 미국에서 활약하던 독립운동가들은 독립국을 운영할 정부를 수립하는 것을 하나의 과제로 생각했다. 이들은 독립운동의 구심점이 될 자주 정부 수립에 너나 할 것 없이 뛰어들었다. 이로 인해 3·1운동 직후 세워진 비밀 정부만 해도 8~9군데나 됐다. 대표적인 것이 러시아 블라디보스토크에 자리 잡았던 대한국민의회, 연해주에 있던 국민의회, 이승만이 중심이 된 한성정부, 조선민국의회 등이었다. 중국 상하이

29

대한민국 임시정부청사와 구성원들.

한인민으로 조직한다'라고 규정, 조선을 잇는 한국인의 국가가 민주 공화적 정치 체제라는 것을 확고하게 밝혔다. 물론 이 헌법 7조에 '대한민국은 구 황실을 우대한다'고 명기해 조선 왕가와의 완전한 단절을 내세우지는 않았지만 이 정도만으로도 당시로서는 획기적인 변화였다.

임시정부가 중국에 수립된 이유는 상하이가 가장 혁명 활동이 강한 진보적 지역이었던 데다 국제 정세를 쉽게 파악할 수 있는 곳이면서 동시에 세계로 연결되는 곳이었기 때문이다.

또한 당시 상하이는 프랑스가 관할하고 있어 정치 활동이 비교적 자유로웠다.

에 뿌리를 내린 대한민국 임시정부는 이들 임시정부를 통합해 새로운 임시정부를 만드는 대역사를 이루었다. 이들은 민주주의에 입각한 근대적 헌법을 갖추고, 이승만을 대통령으로 추대하였다. 그리고 입법 기관인 임시 의정원, 사법 기관인 법원, 행정 기관인 국무원을 구성해 우리나라 최초의 삼권 분립에 입각한 민주 공화제 정부로 출범했다.

임시정부의 헌법 1조는 '대한민국은 대

참고: 〈임시정부는 '조선왕조→대한민국' 징검다리〉, 《한국경제》, 2009. 04. 17.

1. 대한민국 임시정부의 권위의 원천은 무엇인가요?

2. 대한민국 임시정부가 상하이에서 활동했던 이유는 무엇인가요?

3. 국내가 아닌 타국에서 건립된 임시정부의 정통성을 주장할 수 있나요? 할 수 있다면 그 이유는 무엇인가요?

[모둠 5] 대한민국 헌법

대한민국에서 최초로 제정된 근대적인 헌법은 1948년에 제정된 '제헌헌법'이다. 1919년 상해에서 임시정부 헌법이 제정되기는 했지만 국내에서 효력을 발휘하지는 못했다. '제헌헌법' 이후 1987년 9차 개헌을 통해 현재의 헌법이 완성되었다. 헌법 조항 중 아래의 발췌문을 통해 대한민국 정부 권위의 원천을 확인할 수 있다.

대한민국 헌법 전문

유구한 역사와 전통에 빛나는 우리 대한국민은 3·1운동으로 건립된 대한민국 임시정부의 법통과 불의에 항거한 4·19 민주이념을 계승하고, 조국의 민주개혁과 평화적 통일의 사명에 입각하여 정의·인도와 동포애로써 민족의 단결을 공고히 하고, 모든 사회적 폐습과 불의를 타파하며, 자율과 조화를 바탕으로 자유민주적 기본질서를 더욱 확고히 하여 정치·경제·사회·문화의 모든 영역에 있어서 각인의 기회를 균등히 하고, 능력을 최고도로 발휘하게 하며, 자유와 권리에 따르는 책임과 의무를 완수하게 하여, 안으로는 국민생활의 균등한 향상을 기하고 밖으로는 항구적인 세계평화와 인류공영에 이바지함으로써 우리들과 우리들의 자손의 안전과 자유와 행복을 영원히 확보할 것을 다짐하면서 1948년 7월 12일에 제정되고

8차에 걸쳐 개정된 헌법을 이제 국회의 의   으로 구성한다.

결을 거쳐 국민투표에 의하여 개정한다.

제40조

입법권은 국회에 속한다.

제41조

제1항 국회는 국민의 보통·평등·직접·비밀 선거에 의하여 선출된 국회의원

제66조

①행정권은 대통령을 수반으로 하는 정부에 속한다.

제101조

①사법권은 법관으로 구성된 법원에 속한다.

1. 헌법이 가진 권위의 원천은 무엇인가요?

2. 국회와 대통령, 대법원이 가진 권위의 원천은 무엇인가요?

3. 정부 권위의 원천에 대한 어떠한 믿음이 헌법의 기초가 되나요? 여러분은 이 믿음이 정당화된다고 생각하나요? 그 이유는 무엇인가요?

생활에 적용하기

1. 여러분이 경험한 다른 원천으로부터 오는 권위의 3가지 상황에 대해 노트에 간단하게 써 보세요.

2. 속도위반 스티커를 발급한 경찰관의 권위에 대해 생각해 봅시다. 경찰관의 권위를 거슬러 올라가 권위의 원천을 묘사하는 그림이나 차트를 그려 봅시다. 그런 다음 여러분의 삽화나 그림을 반 친구들에게 설명해 보세요.

3. 강의석 학생의 입장을 옹호하거나 반대하는 글을 써 봅시다. 그의 행동에 나타난 권위의 원천에 대해 설명해 보세요.

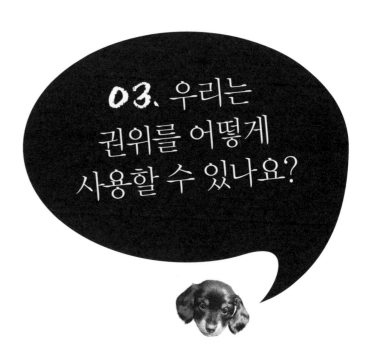

03. 우리는 권위를 어떻게 사용할 수 있나요?

이 장에서는 몇몇 권위의 사용에 대해 배웁니다. 여러분은 행정기관의 권위의 필요성에 관한 두 가지 관점을 배우고, 정부 권위가 기업 간 거래에 얽힌 문제를 해결하는 데 도움을 주었던 상황을 평가해 볼 것입니다. 이를 통해 권위가 문제 해결에 어떻게 기여하는지 설명할 수 있을 것입니다.

왜 우리는 권위가 필요한가?

여러분이 매일 따르게 되는 모든 규칙을 생각해 보세요. 때때로 여러분이 한 일을 보고해야 하는 권위를 가진 모든 사람에 대해 생각해 보세요. 너무 많은 규칙이 있나요? 권위를 가진 사람이 너무 많이 있나요?

만약 권위를 가진 사람이나 규칙이 없다면 무슨 일이 일어날

핵심 용어 알·아·두·기

• **자연 상태**: 사회 구성원이 모두 평등하며 일체의 인위적 제한으로부터 완전히 자유로운 상태.

• **상고**: 항소심의 종국 판결이 확정되기 전에 법령의 해석·적용의 적부에 관한 심사를 구하는 불복신청.

까 궁금했던 적이 있나요? 어느 날 아침에 일어나 보니 모든 규칙과 법률, 경찰, 법원, 학교, 정부가 감쪽같이 사라져 버렸다고 상상해 보세요.

- 무슨 문제가 일어날까요?
- 여러분은 권리를 가질 수 있을까요?
- 여러분은 어떻게 자신의 권리를 보호할 수 있나요?

생각 넓히기 — 정부의 필요성에 대한 견해를 정리하고 평가하기

다음 2개의 수필을 읽고 아래에 있는 질문에 대해 짝과 함께 이야기를 나누어 봅니다. 반 친구들에게 여러분의 답을 공유할 준비를 합시다.

존 로크의 시민 정부에 대한 생각

많은 사람은 정부와 규칙과 법이 없는 삶에 대해 생각하였습니다. 영국의 철학자인 존 로크(John Locke)는 정부 없이 사람들이 함께 살아가는 상상 속의 세계인 자연 상태에서의 생활에 관한 글을 썼습니다.

사람들은 자연 상태에서 자유롭습니다. 그런데 왜 사람들은 이 자유를 포기하고 정부의 권위에 복종할까요? 이 질문에 대한 답은 명백합니다. 자연 상태에서 자유가 주는 즐거움은 매우 불확실합니다. 사람들은 항상 다른 사람으로부터의 위협에 무방비 상태입니다. 삶은 위험스럽고 공포로 가득 차 있습니다. 이것이 사람들이 안전에 대한 필요성을 공유하고, 다른 사람들과 손을 잡는 이유입니다. 사람들은 삶과 자유와 재산을 보호하기 위한 노력을 그렇게 합니다.

자연 상태에서는 삶의 안전을 유지하는 데 필요한 많은 것들이 빠져 있습니다. 첫째, 모든 사람이 동의하고 알고 있는 안정적인 법률 시스템이 없습니다. 그리고 법률이 없기에 사람들 사이에 의견의 불일치를 해결하기 위해 사용할 수 있는 옳고 그름에 대한 기준이 없습니다. 둘째, 논쟁을 해결할 권리를 지닌 재판관이 없습니다. 셋째, 법률을 집행할 권리를 가진 사람이나 조직이 없습니다.

이런 이유로 사람들은 정부의 권위와 보호 속에서 함께 살아가야 합니다. 또한 여러 사람들이 동의하고 있는 규칙 시스템에 따라 처벌을 집행하는 것에 동의하는 이유입니다. 이러한 동의는 입법과 사법, 행정에 관한 정부 기관들의 권위의 원천이 됩니다.

소로의 시민 불복종

헨리 데이비드 소로(Henry David Thoreau)는 정부가 필요한지에 대해 이의를 제기했습니다.

나는 진심으로 이 모토를 받아들입니다: "가장 좋은 정부는 가장 최소한으로 다스리는 정부다."

나는 다음의 모토도 역시 믿습니다: "가장 좋은 정부는 전혀 다스리지 않는 정부다."

사람들이 이러한 상황에 대한 준비가 될 때, 정부가 필요하지 않을 것입니다.

군대를 보유하는 것에 대해 많은 사람들이 반대하고 있습니다. 이 반대 주장들은 또한 정부에 대해서도 제기될 수 있습니다. 결국 군대는 단지 정부의 한 부분에 지나지 않습니다.

정부는 한 사람의 생명력과 힘 정도도 가지고 있지 않습니다. 또한 미국 국민은 이 나라에서 모든 것을 성취할 수 있습니다. 정부는 국민이 일을 하는 데 아무런 도움도 주지 않았습니다. 단지 사람들이 하는 일에 비켜 주기만 할 뿐입니다.

1. 존 로크에 따르면, 정부의 권위가 없을 때 어떤 문제가 발생하게 되나요?

2. 존 로크는 정부 기관의 권위의 원천이 무엇이라고 말하나요?

3. 정부 권위의 필요성에 관한 소로의 입장은 무엇인가요?

4. 사람들이 정부 없이 사회를 살아가기 위해서는 어떤 변화가 일어나야 하나요?

권위는 어떻게 사용되는가?

여러분은 충분한 권위가 없을 때 발생하는 문제에 관해서 읽었습니다. 권위가 이와 같은 문제를 해결하기 위해서 어떻게 사용될 수 있나요? 권위는 다음과 같은 주요 목적이 있습니다.

- **권위는 권리와 자유를 보호해 줍니다.** 예를 들어, 헌법은 우리들의 표현과 종교의 자유를 보호해 줍니다.

- **권위는 자원과 부담이 공정하게 분배될 수 있도록 해 줍니다.** 예를 들어,

정부는 모든 아이가 공교육을 받을 동등한 기회를 얻도록 하는 정책을 폅니다.

- **권위는 평화롭고 공평하게 갈등을 조절해 줍니다.** 예를 들어, 사법 제도는 범죄로 고발된 사람이 공평한 재판을 받을 수 있도록 하는 권위를 가지고 있습니다.

생각 넓히기 | 권위의 사용 평가하기

다음은 국가의 권력 중 사법권이 어떻게 발휘되는지를 나타내 주는 기사입니다.

2003년 1분기에 ○○ 차는 차량 모델들 간의 수익률 차이를 해소하기 위해 납품 업체를 옥죄기 시작했다. ○○ 차는 납품 업체 34곳에 부품 단가 인하를 요구했다. 대신 납품 단가 인하로 발생한 손실을 수익률이 높은 차량의 부품 단가 인상으로 보전해 주겠다고 구두로 약속했다. 이에 따라 납품 업체들은 적게는 0.9%에서 많게는 29.9%까지 부품 단가를 내렸다.

○○ 차는 문서로 손실 보전을 보장하지 도 않은 채 부품 단가 인하부터 요구했지만 부품 업체들은 받아들일 수밖에 없었다. 하지만 약속은 지켜지지 않았다. 부품 단가 인상이 이루어지지 않은 것이다. 이로 인해 34개 부품 업체들은 2003년 6월부터 2005년 12월까지 30여 개월 동안 25억 원이 넘는 손해를 입었다. 공정위가 2005년과 2006년 현장 직권조사를 벌여서야 ○○ 차의 하도급법 위반 행위가 드러났다. 특히 공정위는 ○○ 차가 손실 보전에 대

해 구체적인 계획을 제시하거나 명시적인 합의를 하지 않은 점 등을 고려해 의도적으로 하청업체를 속였다는 '기만에 의한 하도급 대금 결정 행위'라고 판단했다.

결국 공정위는 OO 차에 34개 납품 업체에 미정산 금액인 25억 8,519만 원과 함께 지연이자(20억 원)까지 더해 지급하고, 이런 시정 명령을 받은 사실을 OO 차와 거래하는 모든 하청업체에 알릴 것을 명령했다. 이후 OO 차는 밀린 대금을 일거에 지급하면서도 "의도적으로 한 것은 아니고, 모든 하청업체에 시정 명령을 알리는 것은 가혹하다"며 서울 고등법원에 행정소송을 냈다. 법원은 대체로 공정위의 손을 들어주면서 다만 25개 업체에 대해

선 OO 차가 공정위 시정 명령 이전에 일부 손실을 보전해 준 점을 들어 '기만에 의한 하도급 대금 결정 행위'는 아니라고 판단했다. OO 차는 여기에도 불복해 대법원에 상고했다.

상고심을 맡은 대법원은 서울 고등법원보다 더 강도 높은 판결을 내렸다. 대법원은 "상당히 우월한 거래상 지위에 있는 원고가 인하된 납품 대금을 보전해 줄 경제적 능력이 있었던 것으로 보임에도 상당한 기간이 지나도록 그 전액을 보전해 주지 않은 사실이 인정된다"며 "일부 손실을 보전해 준 25개 업체를 포함해 모두 기만에 의한 하도급 대금 결정 행위에 해당한다"고 판시했다.

참고: 〈'슈퍼 갑'들에게 보내는 경고〉, 《한겨레 21》, 2010. 12. 10.

어떻게 생각해?

1. 권위는 대기업과 중소기업의 하도급 문제를 다루는 데에 어떻게 사용되었나요?

2. 만약 이 상황을 다루는 효율적인 권위가 없다면 무슨 문제가 일어날까요?

3. 이 상황에서 문제를 다루는 데에 권위가 다른 방식으로 사용될 수 있나요?

1. 오늘 아침에 여러분이 일어난 순간부터 이 숙제를 읽기 시작할 때까지 여러분의 모든 행동을 생각해 보세요. 얼마나 많이 여러분의 행동이 법이나 규칙에 지배당했나요? 각각의 규칙과 법의 목적은 무엇인가요? 여러분의 일기에 이 질문에 대한 답을 기록해 보세요.

2. 며칠 동안의 신문을 읽어 보세요. 여러분이 읽은 것 중에서, 효율적인 권위의 부족으로 인해 발생하는 문제의 리스트를 만듭니다. 리스트를 다 만든 후에, 이 문제들을 다루는 데 도움을 줄 수 있는 권위의 방식에 대해 제안해 보세요.

3. 여러분은 정부나 법이 없는 자연 상태에서는 기생충과 같은 삶을 살게 된다는 존 로크의 이야기를 읽었습니다. 여러분은 그의 주장에 동의하나요, 동의하지 않나요? 여러분이 자연 상태에서 산다면 어떻게 될지에 대한 글을 써 보세요.

권위는 꼭
필요하구나.

PART II

권위의 지위에 적합한
후보자들의 평가 방법

04. 권위의 지위에 적합한 사람을 어떻게 뽑아야 하나요?
05. 권위의 지위에 어떤 사람을 선발해야 하나요?

위와 같이 권위 있는 지위에 오르기 위해서는 어떤 자격을 갖추어야 합니까?

권위를 행사하는 사람들은 종종 우리의 삶을 통제하거나 영향을 끼칠 권리를 가지고 있습니다. 국회와 도의회, 그리고 시의회의 의원들은 많은 중요한 법률을 제정합니다. 경찰관은 사람들이 법을 잘 준수하고 있는지 살핍니다. 선생님, 교장 선생님, 그리고 부모님은 청소년의 삶에 영향을 끼치는 규칙을 만듭니다.

우리는 권위 있는 지위에 오를 사람들을 뽑을 때, 아주 세심한 주의를 기울여야 합니다. 그들이 우리의 삶에 큰 영향을 끼칠 수 있기 때문입니다. 권위를 수행하기에 훌륭한 자격을 갖춘 사람들은 우리의 삶을 편안하고 더욱 즐겁게 만들어 줍니다. 반면 자격을 갖추지 못한 사람은 우리의 삶을 어렵게 하고 불쾌하게 합니다.

권위 있는 지위들은 각각의 자격을 요구합니다. 경찰관으로서 훌륭한 자격을 갖춘 사람이 판사로서의 자격을 갖추고 있지는 않습니다. 반대로 훌륭한 판사의 기질을 보이는 사람이 훌륭한 경찰관이 될 수도 없습니다. 어떤 권위 있는 지위에 걸맞은 사람을 고를 때, 그 직업을 잘 수행하는 데 필요한 자격이 무엇인지를 따져 보는 것은 매우 중요합니다. 이 단원에서는 권위 있는 지위에 걸맞은 사람들을 선택할 때 필요한 유용하고 중요한 과정에 대해서 배울 것입니다.

04. 권위의 지위에 적합한 사람을 어떻게 뽑아야 하나요?

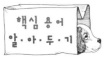
학·습·길·잡·이

권위의 지위를 충족시키는 사람을 선택할 때 유용한 지적 도구에 대해 배웁니다. 또한 이 도구들은 그러한 지위에 있는 사람들의 자격을 평가하는 데에 유용합니다. 권위의 지위가 요구하는 조건을 확인하고 설명해 봅시다. 또한 그 지위를 충족시키기 위해 지녀야 하는 자격도 확인하고 설명해 봅시다.

훌륭한 지도자가 되기 위한 특성은 무엇인가?

아래의 글을 읽고 이어지는 질문에 답해 보세요. 지도자가 되고자 하는 사람이 권위의 지위를 충족시키기 위해 지녀야 할 특성에 대해 생각해 볼 기회가 될 것입니다.

우리나라의 대표적인 시민운동가 하면 떠오르는 인물 중 단연코 빼놓을 수 없는 사람이 바로 박원순이다.

박원순은 가난한 농사꾼 집안의 7남매 가운데 여섯째로 태어났다. 어릴 때부터 유달리 인내심이 강했던 그는 '지독하다'는 소리를 들을 정도로 공부해서 서울 대학교에 입학하게 된다. 하지만 입

박원순 희망제작소 상임이사.

학한 지 얼마 되지 않아 '김상진 열사 사건' 시위에 참여했다 투옥된다. 감옥에서의 4개월이 그의 인생을 다른 길로 인도하게 된다. 출옥 후 복학되지 않자 다시 대학에 들어가, 법원 사무관 시험에 합격해 강원도 정선에서 등기소장 겸 즉결심판소장으로 1년간 근무한다. 이 1년 또한 훗날 시민운동을 하는 데 많은 도움이 된다. 틈틈이 사법 시험을 준비하던 그는 1980년 제22회 사법 시험에 합격, 1년의 검사 생활 후 변호사의 길에 들어서게 된다.

1985년부터 잇달아 터지는 시국 사건으로 인해 조영래, 이돈명 변호사 등과 함께 활동하며 인권 변호사로서 이름을 떨친다. 권인숙 성고문 사건, 박종철 고문치사 사건, 서울대 우 조교 성희롱 사건 등을 해결해 나가면서 한국 사회의 낡은 가치관을 새로운 가치로 대체해 나가기 시작했다. 권력과 맞서 진실을 파헤치는 작업을 한 경험을 가지고 수많은 기록과 저서를 남겼으며, 현재도 그 활동을 게을리하지 않고 계속해 나가고 있다. 1987년 민주화를 촉발시키는 계기가 되었던 6월 민주항쟁

• 복권: 형의 선고나 파산에 의하여 상실 또는 정지된 일정 자격을 회복시키는 일.

• 부서: 대통령의 서명에 이어 국무총리와 관계 국무위원이 서명하는 것.

• 소추: 헌법상으로는 탄핵을 발의하여 헌법재판소에 파면을 구하는 행위를 말하며, 형사상으로는 소를 제기하여 수행하는 것.

이후 한국 사회가 나아지지 않자, 영국과 미국을 돌아다니며 선진화된 사회 시스템을 공부하고 돌아와 본격적인 시민운동가로 탈바꿈한다. '참여연대'를 창립하고 정부의 지원에서 벗어나 재정 자립을 위해 힘썼고, '참여연대'가 한국의 대표적인 시민 단체로 자리를 잡자, 새로운 한국형 기부 문화 정착을 위한 단체인 '아름다운 재단', '아름다운 가게'의 상임 이사로 활동했다. 그리고 다시 사회적 기업을 뿌리내리기 위해 '희망제작소'를 설립해 숨 가쁘게 움직이고 있다.

그는 지금까지 활동하면서 쌓아 온 다양한 네트워크를 활용하여 새로운 아이템을 가지고 한국 시민사회를 활성화하는 데 큰 역할을 하고 있다. 부패한 정치권력에 맞서 낙선 운동을 할 때에도 사람들 인식 속에 새로운 바람을 불어넣는 데 충분했다. 그는 시민이 노력하지 않으면 민주주의는 날아가 버린다고 말한다. 항상 시민사회의 중심에서 끝없는 실험을 계속하고 있다.

참고: 박원순, 《희망을 심다》, 알마, 2009.

1. 국가 권력이 아닌 시민사회에서 권위 있는 지위가 가진 책임은 무엇이었나요?

2. 박원순이 시민운동의 선구자가 될 수 있었던 것은 그에게 어떠한 특성이 있었기 때문인가요?

권위의 지위에 적합한
사람을 어떻게 뽑아야 하는가?

앞의 활동에서, 여러분은 권위 있는 지위에 따르는 약간의 책임들과 그 직업을 잘 수행하는 데 필요한 특성들을 적어 보았습니다. 여러분은 종종 권위의 지위에 적합한 사람들을 뽑아야 할 기회가 있을 것입니다. 현명한 선택을 하기 위해서, 여러분은 몇 개의 분석 도구들이 필요합니다. 마치 차를 수리하거나 빵을 굽는 데 필요한 도구들이 있는 것과 같이, 문제를 검토하는 데 필요한 마음의 도구들이 있습니다.

분석 도구들은 다양한 생각, 사회에 대한 시각, 사회 속의 우리의 역할, 상황을 분석하고 결정을 내리는 데에 유용한 질문들을 포함합니다. 아래는 특정한 지위에 적합한 자격이 있는지를 결정할 때 사용할 수 있는 분석 도구의 내용입니다.

첫째, 지위에 따르는 의무, 권한, 특권, 한계는 무엇입니까? 지위에 적합한 자질이 무엇인지를 결정하기 전에, 먼저 여러분은 그 직업이 포함하고 있는 것들에 대해 생각해 보아야 합니다.

둘째, 그 지위에 뽑히고자 하는 사람이 가져야 할 특성은 무엇입니까? 특정한 직업을 수행할 사람은 그 지위에 따르는 의무와 권한을 충족시키고 그 직업을 잘 수행할 수 있는 특성이 있어야 합니다. 지위가 무엇이냐에 따라, 다음과 같은 몇몇 중요한 특성을 포함합니다.

- 특별한 지식이나 기술
- 신체적 건강

- 공평

- 정직

- 총명함

- 근면

- 신뢰

- 용기

- 다른 사람과 원만하게 일하는 능력

- 인간의 욕구와 권리에 대한 민감도

- 직업과 관련한 문제에 대한 관점

셋째, 그 지위에 오르고자 하는 사람들의 강점과 약점은 무엇입니까? 각각의 후보자들의 특성을 그 직업에 요구되는 자격뿐만이 아니라 다른 후보자들의 특성과 비교해 봐야 합니다.

넷째, 어떤 사람이 그 지위를 맡는 것이 최선의 선택일까요? 그 이유는 무엇입니까? 여러분은 앞선 3가지의 질문에 답을 하면서 얻은 정보를 바탕으로 누가 그 지위에 가장 적합한 자격이 있는지를 결정할 수 있습니다.

생각 넓히기 | 적임 대표자의 특성 평가하기

다음의 활동은 여러분이 방금 배운 분석 도구를 적용할 기회를 제공합니다. 작은 모둠으로 나누어서, 헌법에서 발췌한 한국 대통령의 지위 부분을 읽어 봅시다. 그리고 나서 모둠원들과 51쪽의 표를 완성해 봅시다. 반 학생들과 여러분의 답을 공유할 준비를 합니다.

제4장 정부

제1절 대통령

제66조 ① 대통령은 국가의 원수이며, 외국에 대하여 국가를 대표한다.

② 대통령은 국가의 독립·영토의 보전·국가의 계속성과 헌법을 수호할 책무를 진다.

③ 대통령은 조국의 평화적 통일을 위한 성실한 의무를 진다.

④ 행정권은 대통령을 수반으로 하는 정부에 속한다.

제67조 ① 대통령은 국민의 보통·평등·직접·비밀선거에 의하여 선출한다.

제69조 대통령은 취임에 즈음하여 다음의 선서를 한다.

"나는 헌법을 준수하고 국가를 보위하며 조국의 평화적 통일과 국민의 자유와 복리의 증진 및 민족문화의 창달에 노력하여 대통령으로서의 직책을 성실히 수행할 것을 국민 앞에 엄숙히 선서합니다."

제70조 대통령의 임기는 5년으로 하며, 중임할 수 없다.

제72조 대통령은 필요하다고 인정할 때에는 외교·국방·통일 기타 국가 안위에 관한 중요 정책을 국민투표에 부칠 수 있다.

제73조 대통령은 조약을 체결·비준하고, 외교사절을 신임·접수 또는 파견하며, 선전포고와 강화를 한다.

제74조 ① 대통령은 헌법과 법률이 정하는 바에 의하여 국군을 통수한다.

제75조 대통령은 법률에서 구체적으로 범위를 정하여 위임받은 사항과 법률을 집행하기 위하여 필요한 사항에 관하여 대통령령을 발할 수 있다.

제76조 ① 대통령은 내우·외환·천재·지변 또는 중대한 재정·경제상의 위기에 있어서 국가의 안전 보장 또는 공공의 안녕질서를 유지하기 위하여 긴급한 조치가 필요하고 국회의 집회를 기다릴 여유가 없을 때에 한하여 최소한으로 필요한 재정·경제상의 처분을 하거나 이에 관하여 법률의 효력을 가지는 명령을 발할 수 있다.

제77조 ① 대통령은 전시·사변 또는 이에 준하는 국가비상사태에 있어서 병력으로써 군사상의 필요에 응하거나 공공의 안녕질서를 유지할 필요가 있을 때에는 법률이 정하는 바에 의하여 계엄을 선포할 수 있다.

제78조 대통령은 헌법과 법률이 정하는 바에 의하여 공무원을 임면한다.

제79조 ① 대통령은 법률이 정하는 바에 의하여 사면·감형 또는 복권을 명할 수 있다.

② 일반사면을 명하려면 국회의 동의를 얻어야 한다.

제80조 대통령은 법률이 정하는 바에 의하여 훈장 기타의 영전을 수여한다.

제81조 대통령은 국회에 출석하여 발언하거나 서한으로 의견을 표시할 수 있다.

제82조 대통령의 국법상 행위는 문서로써 하며, 이 문서에는 국무총리와 관계 국무위원이 부서한다. 군사에 관한 것도 또한 같다.

제83조 대통령은 국무총리 · 국무위원 · 행정 각부의 장 기타 법률이 정하는 공사의 직을 겸할 수 없다.

제84조 대통령은 내란 또는 외환의 죄를 범한 경우를 제외하고는 재직 중 형사상의 소추를 받지 아니한다.

1. 대통령의 권한에는 어떤 것이 있나요?

2. 대통령의 지위를 수행하는 데 필요한 특성은 무엇인가요?

3. 시민운동을 이끌었던 박원순에게서 살펴보았던 특성과 대통령직에서 살펴보았던 특성의 유사점은 무엇인가요?

4. 박원순의 특성과 대통령직에 필요한 특성의 차이점은 무엇인가요?

1. 권위의 지위에 있는 어떤 사람을 보여 주는 텔레비전 프로그램을 선택해 봅니다. 그 지위의 의무, 권한, 특권, 한계를 써 보세요. 그런 다음 그 지위에 있는 사람들의 특질에 대해 묘사해 봅니다. 그 지위에 적합한 사람을 뽑았는지, 아닌지를 설명해 보세요.

2. 언젠가 여러분이 하고 싶은 권위의 지위에 대해 생각해 봅니다. 여러분의 노트에 그 일을 잘하기 위해서 지녀야 할 특질과 그 지위에 대한 짧은 설명서를 써 보세요. 그리고 왜 여러분이 그 직업을 수행할 자격이 되는지 설명해 보세요.

난 지휘자가 되고파.

대통령의 특성을 파악하는 데 필요한 분석 도구

질문: 대통령의 지위가 갖는 의무, 권한, 특권, 한계	답: 대통령의 특성
의무와 권한. 대통령은 다음과 같은 의무와 권한을 갖습니다. • 국가의 헌법을 수호해야 할 책무를 가집니다. • 조국의 평화적 통일을 위해 최선을 다합니다. • 국군을 통수합니다. • 대법관 및 헌법재판관을 임명합니다. • 각 부처의 장관을 임명합니다. • 국회에서 의결된 법률안을 거부할 수 있습니다.	이러한 의무와 권한을 잘 수행하기 위해서 대통령은 _____ _____ _____ _____ _____ _____
특권. 대통령은 다음과 같은 특권을 갖습니다. • 상당한 월급과 수당을 받습니다. • 특수한 항공기와 자동차를 사용합니다. • 청와대에서 생활합니다. • 특수 기관에 의해 신변 보호를 받습니다. • 각 부처의 다른 공무원들과 직속 기구를 둘 수 있습니다. • 무료 건강관리를 받습니다.	이 특권들이 신뢰받기 위해서, 대통령은 _____ _____ _____ _____ _____
한계. 대통령은 다음의 한계가 있습니다. • 중임할 수 없습니다. • 내란 또는 외환의 죄를 범한 경우에는 재직 중 형사상의 소추를 받습니다. • 대한민국의 헌법을 거스를 수 없습니다.	이러한 한계들을 따르기 위해서, 대통령은 _____ _____ _____

51

05. 권위의 지위에
어떤 사람을
선발해야 하나요?

권위의 지위에 가장 적합한 자격을 가진 후보자를 결정하기 위해 방금 배웠던 분석 도구를 사용해 봅시다. 그리고 여러분의 선택을 정당화할 수 있는 고려사항에 대해서도 설명해 봅시다.

핵심용어
알·아·두·기

- **인프라:** 경제활동의 기반을 형성하는 기초적인 시설들.

- **조례:** 지방자치단체가 법령의 범위 안에서 그 권한에 속하는 사무에 관해 지방의회의 의결로써 제정하는 법.

- **경전철:** 일반적인 철도에 비해서 중량이 가벼운 궤도 계통의 교통수단을 통칭하는 표현.

생각 넓히기 | **공공 기관의 후보자에 대한 지위 확인하기**

이제 여러분은 시민을 위해 일할 사람을 선택할 것입니다. 여러분은 도시에 있는 일간 신문의 기자들과 편집자들이 그 지위에 선출되고자 하는 3명의 후보자에게 질의하는 편집자 추천 위원회의 인터뷰를 함께 수행할 것입니다. 이를 준비하기 위해 김포시에 대한 설명글과 '김포시의 사람들에 대한 기록물'을 읽어 보세요. 그러고 나서 기록물에 나와 있는 '편집자 추천 위원회 인터뷰를 수행하기 위한 지침서' 에 따르세요.

경기도 김포시

김포시는 한국 서북부 지역에 있는 도시입니다. 이 도시는 전통적으로 농업이 발달한 지역이었지만 최근 신도시 개발과 관련하여 도시 개발이 한창입니다.

그러나 침체한 부동산 시장과 교통 인프라 부족 탓에 개발이 더디기만 합니다. 이런 교통 여건을 개선하기 위해 핵심 이슈로 떠오르고 있는 것이 도시철도 사업입니다. 후보자들은 각각 자신만의 근거와 논리를 내세워 도시철도에 대한 구상을 밝히고 있습니다.

김포시는 행정력을 가지고 있습니다. 4년마다 사람들은 도시를 위한 지방자치단체가 잘 운영되도록 시장과 시의회를 선출합니다. 시장은 아래의 내용을 포함하는 특정한 의무를 수행하기 위해 권위를 가집니다.

- **인사에 대한 권한:** 공무원의 승진과 보직을 결정하는 권한을 가지며, 공무원의 품위에 위배되는 행위를 했을 때 징계를 내릴 수 있습니다. 또한 공무원뿐만 아니라 기초단체 산하의 기관에 대한 인사 및 감사 권한을 갖고 있습니다.
- **예산에 대한 권한:** 우리가 내는 세금 중 기초단체의 수입이 되는 대표적인 세금이 주민세, 재산세, 자동차세, 담뱃세 등입니다. 이러한 세금으로 시장은 지역의 상황에 맞게 복지, 환경, 건설 분야 등에 예

산을 편성하고 집행하는 권한을 갖고 있습니다.

- **입법에 관한 권한**: 국회에서 제정하는 법률과 마찬가지로 시장도 지방자치단체의 법이라고 할 수 있는 '조례'를 발의할 수 있습니다. 해당 지역 특유의 문제점이 존재한다면 법이 아닌 조례를 제정해 시행하는 것이 더 효율적이라 할 수 있습니다.

- **인·허가에 대한 권한**: 이 권한은 지역 설계와 관련이 있습니다. 아파트 등 건물을 신축하거나 증축하는 일, 택지 개발 사업, 보육 시설 설립, 유흥업소 영업 등에 대해서 인가와 허가를 내립니다. 시설에 대한 인·허가는 지역 개발의 방향을 정하는 것이기 때문에 도시 차원에서는 상당히 중요한 권한입니다.

- **규제 단속에 대한 권한**: 지방자치단체의 공무원들을 통해 음식점의 위생을 단속하거나 주차 단속 등을 할 수 있는 권한입니다. 이 권한은 지역 주민의 편리성과 가장 연관이 큽니다. 질서에 관련한 것으로 가장 눈에 띄는 권한으로 볼 수 있습니다.

김포시의 사람들에 대한 기록물

보냄: 유권자 협회

주제: 2010 6·2 지방선거

우리는 지방선거가 중요하다는 것을 인식한 이래로, 여러분이 최선의 결정을 내릴 수 있도록 돕는 다음과 같은 정보를 마련하였습니다.

◎ **우리의 시장은 다음과 같은 의무와 권한을 가지고 있습니다:**

• 김포 시민의 이익을 위해 활동해야 합니다.

• 새로운 자치법규를 제정·선포합니다.

• 우리 시 여러 지역 간의 필요와 이해관계에 따른 문제를 공평하게 검토합니다.

◎ **이와 같은 의무와 권한을 이행하기 위해서, 시장은 다음의 일을 해야 합니다:**

• 모든 사람들의 이해관계에 대해서 알고 있어야 하며, 모든 사람의 이익을 위해 기꺼이 활동해야 합니다.

• 신뢰성을 가지고 있어야 하고, 가능한 한 많은 회의에, 그리고 정시에 참석해야 합니다.

• 다른 사람들과의 대화와 타협, 그리고 설득을 통해 원만하게 일을 할 수 있어야 합니다.

• 준비가 잘되어 있어야 하고 열린 마음이 있어야 하며, 좋은 경청자와 질문자가 되어야 합니다.

• 새로운 법을 생각해 내고 기술하는 능력이 있어야 합니다.

• 김포시와 다른 지역의 이해관계가 충돌할 때 공정하게 임해야 합니다.

◎ **직무의 특권으로서 시장은 다음과 같은 권리가 있습니다:**

• 연봉 약 8,600만 원

• 면책특권

◎ **이 특권들을 받기 위해 시장은 다음의 것을 해야 합니다:**

• 그 지위에 대한 월급을 받는 만큼 열심히 일해야 합니다.

• 신중을 기해서 정책을 추진해야 합니다.

◎ **그 직무의 한계로서 시장은 다음의 것을 해서는 안 됩니다:**

• 겸직

• 이해관계에 따른 정책 시행

◎ **이러한 한계에 따르기 위해 시장은 다음과 같은 것을 해야 합니다:**

• 정직해야 하고 신뢰감을 주어야 하며, 겸업을 거절해야 합니다.

• 개인의 이익을 위한 정책 시행을 해서는 안 됩니다.

• 대한민국 헌법의 기본 원칙을 이해하고 옹호해야 합니다.

여러분의 선생님은 여러분을 4개의 모둠으로 나눌 것입니다. 하나의 모둠은 《김포신문》의 후보자 위원회를 대표합니다. 다른 3개의 모둠은 각각 시장이 되고자 하는 3명의 후보자 중 한 명을 대표합니다. 각 그룹은 후보자 추천 위원회의 인터뷰를 준비하기 위해 아래의 지시를 따라야 합니다.

학생들은 후보자 추천 위원회가 3명의 후보자를 인터뷰하는 '기자회견' 형식을 따라야 합니다. 각 후보자가 모두 발언을 한 후에, 후보자 추천 위원회의 사람들이 질문합니다. 각 후보자 모둠의 다른 멤버는 후보자가 대답하는 데 도움을 줄 수 있습니다.

[모둠 1] 편집자 위원회 모둠

여러분은 김포시에서 가장 큰 신문인 《김포신문》의 추천 위원회를 대표합니다. 여러분의 위원회는 시 대표로 한 명의 후보자를 추천하고, 여러분의 추천은 그 후보자의 선거 운동에 엄청난 도움을 줄 것입니다.

여러분의 그룹은 뒤에 있는 후보자 프로필을 읽고 토론해야 합니다. 각 후보자의 강점과 약점에 대한 목록을 만드세요. 이 과제를 잘 수행하기 위해, 김포시에 대해서 설명한 글을 참조하세요. 또한 여러분은 그 지위에 합당한 사람의 특성과 시장의 책무에 대해 약술한 기록물을 살펴보아야 합니다.

각 후보자에 질문할 목록을 준비하세요. 3, 4분 동안 각 후보자가 모두 발언한 이후에, 각 후보자에게 약 5분 동안 질문을 할 수 있습니다. 이 질문을 통해 지위에 따르는 책무를 이행하기 위한 후보자들의 능력을 평가할 수 있어야 합니다.

인터뷰를 수행할 사회자를 뽑으세요. 사회자는 후보자들에게 진행 절차에 대해서 설명합니다. 또한 후보자의 모두 발언 후의 질의응답을 진행합니다. 각 후보자 그룹의 멤버들이 후보자가 대답하는 것을 도와줄 수 있다는 점에 주의하세요.

[모둠 2] 후보자 모둠

여러분의 그룹은 여러분 후보자의 프로필을 읽고 토론해야 합니다. 여러분 후보자의 강점과 약점에 대한 목록을 만드세요. 이 과제를 잘 수행하기 위해, 김포시에 대해서 설명한 글과 '김포시의 사람들에 대한 기록물'을 참조하세요.

그다음에 후보자를 연기할 1명을 골라야 합니다. 그 사람이 편집자 위원회의 인터뷰를 위해 준비하는 것을 도와주세요. 시장의 직무를 수행할 때 필요한 특성을 후보자가 갖추고 있음을 편집자 위원회에

납득시킬 수 있는 짧은 모두 발언을 준비하세요. 또한 편집자 위원회가 할 만한 질문에 대해 잘 답변할 수 있도록 후보자를 연습시키세요. 여러분의 후보자가 그 지위에 뽑혀야 하는 이유에 중점을 두어서 모든 준비를 해야 합니다. 모든 후보자 그룹은 질의응답 시간에 각 후보자를 도와줄 수 있습니다.

[후보자 프로필]

강경구

강경구는 김포 출신으로 9급 공무원으로 공직에 입문하였다. 그는 34년 동안 공직 생활을 했으며, 김포 시설 관리 공단 이사장을 역임하였다. 지난 2006년 5·31 지방선거에서 김포시장으로 당선되어 4년여 동안 김포시의 행정을 이끌었다. 다시 한나라당의 후보로 재선에 도전한다. 쟁점이 되는 도시철도에 대한 견해는 지하철 9호선 연장을 반대한다는 것이다. 도시철도(경전철) 지하화 추진이 핵심 공약이다. 여당 후보의 이점을 활용하여 국가 지원을 강점으로 내세우고 있으며, 체육·복지·교육 분야에 대한 투자와 도시 낙후 지역에 대한 관광벨트화가 주요 공약이다.

유영록

유영록은 1962년 김포시 걸포동에서 출생하였다. 1998년부터 2004년까지 경기도 도의원으로 활동하면서 예결위원회 간사, 지방자치발전특위 위원, 남북교류협력위원 등을 맡아 활발한 의정 활동을 펼친 바 있다. 이외에도 경기도 의회 기획위원장, 경기개발연구원 이사, 노무현 전

대통령 김포선거대책위원장 등을 역임하였다. 이번 선거에서는 지하철 9호선 연장과 초·중·고등학교 무상 급식 실현 등을 핵심 공약으로 내세우고 있다. 이 밖에도 주요 공약으로는 신도시와 원도심의 균형 발전을 위한 원도심 재생 사업 추진, 고부가가치형 테마관광마을 조성으로 농촌 마을 활성화, 지속가능한 친환경 도시 조성 등이 있다.

김동식

김동식은 김포시 양촌면 출신으로 국회 5급 국가 공무원과 경기도의회 의원을 역임했다. 이후 2002년부터 2006년까지 강경구 현 시장 임기 전 시장을 역임하였다. 그는 도시철도 사업이 자신의 임기 때 이미 국가와 합의된 사항임을 내세워 다른 후보의 주장에 대해 반박하고 있다. 9호선 연장 사업은 타당성이 떨어지는 사업이라면서, 자신만의 김포지하철 추진 계획을 내놓았다. 주요 공약으로는 지역의 고른 발전을 위한 '지역발전 프로젝트 10' 등이 있다.

참고: 중앙선거관리위원회 6·2 지방선거 선거 공보물

후보자 추천 위원회가 인터뷰를 끝마친 후에, 누구를 시장에 적합한 후보자 1명으로 추천할지 선택해야 합니다. 추천 후보자를 선택할 때 추천 위원회는 다음의 질문을 고려하여야 합니다.

- 각 후보자의 강점과 약점은 무엇입니까?
- 누가 시장으로 가장 적합하다고 생각합니까?

편집자 위원회의 사회자는 반 학생들에게 위원회의 결정을 알려줘야 합니다. 그리고 위원회가 그 후보자를 추천한 이유에 대해 설명해야 합니다. 그러고 나서 반 전체 학생들은 시장을 뽑기 위한 모의 선거를 합니다.

생활에 적용하기

1. 후보자 추천 위원회에서 뽑은 후보자가 아닌 다른 후보자를 선택하세요. 《김포신문》의 편집장에게 여러분의 선택에 대한 글을 쓰세요.

2. 이 단원에서 배웠던 대통령 선거에 사용한 척도와 후보자들을 비교해 보세요. 여러분이 선택한 후보자에 대한 30초짜리 텔레비전 광고 원고를 써 보세요.

PART III
규칙과 법을 평가하는 방법

© MigdeJong

사형 제도와 같은 규칙이나 법의 좋고 나쁨을 어떻게 평가할 수 있나요?

권위를 가진 지위를 공직이라고 하고, 그 권위를 행사할 권리를 가진 사람들을 공직자라고 합니다. 어떤 공직자들은 규칙을 만들고 어떤 공직자들은 그 규칙을 집행합니다. 또 다른 공직자들은 규칙의 의미에 대한 논쟁들을 해결하고 그것을 지키지 않는 사람들을 어떻게 할 것인지 결정합니다.

민주주의 체제에서는 우리가 선출한 공직자들이 규칙이나 법을 만드는 권한을 가지고 있습니다. 그들은 인권을 보호하기 위한 법을 만들기도 하고 모든 시민에게 사회적 자원이 공정하게 돌아갈 수 있도록 하는 법도 만듭니다.

모든 법규가 다 훌륭한 것은 아닙니다. 법과 규칙에는 많은 잘못된 점들이 있기도 합니다. 훌륭한 법과 규칙을 만드는 것은 쉬운 일이 아닙니다. 이 단원에서는 법과 규칙이 좋은 것인지 아닌지를 평가하는 방법을 알아보겠습니다. 또한 법과 규칙들을 개선하여 더 훌륭한 법과 규칙으로 발전시키는 방법도 배우게 될 것입니다.

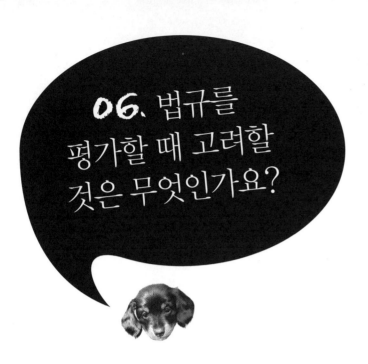

06. 법규를 평가할 때 고려할 것은 무엇인가요?

법규를 만들고 평가하는 데 유용한 몇 가지 분석 방법들에 대해 배웁니다. 그 분석 방법들을 사용하여 규칙과 법을 평가하고 더 나은 법과 규칙으로 개선할 수 있을 것입니다.

핵심 용어 알·아·두·기

• 법규: 국민의 권리·의무에 관계되는 법규범으로 법률, 명령, 조례, 규칙을 가리킴.

• 규칙: 헌법과 법률에 근거하여 제정되는 하위 규범으로 민간 조직의 구성원이 만든 약속이라는 의미로도 쓰임.

우리의 삶에 법규가 얼마나 큰 영향을 끼치는지 생각해 본 적이 있습니까? 법규는 우리 일상에 매우 중요한 영향을 끼치고 있습니다. 그러므로 우리가 지켜야 하는 법규들이 얼마나 잘 설계되었는지 확실하게 점검할 필요가 있습니다.

• 만약에 법과 규칙이 잘 설계되어 있지 않다면 어떻게 될까요?

• 여러분은 법과 규칙을 평가하는 데 어떤 기준을 사용하겠습니까?

다음에 제시되는 가상적인 법규들에는 각각 문제나 결점이 있습니다. 법규들의 잘못된 부분을 찾아 고쳐 보는 연습을 할 것입니다. 이러한 연습은 법규들을 평가하기 위한 표준이나 기준을 찾는 데 도움이 될 것입니다. 각각의 사례를 읽으면서 그 법규에서 잘못되었다고 생각되는 부분을 쓰세요.

1. 참정권을 얻기 위해 시민은 최소한 1,000평의 땅을 소유하거나 1억 원 정도의 가치가 있는 재산을 가지고 있어야 한다.

2. 어느 누구도 불필요하게 혹은 이유 없이 다른 사람의 머리나 신체의 어떠한 다른 부분도 몽둥이로 때려서는 안 되고 때리지도 않을 것이다.

3. 출산율을 높이기 위해 정부는 자녀가 있는 성인에게만 대통령 선거에 투표할 수 있도록 허용했다.

4. 지나치게 많은 물을 사용하는 사람은 누구든지 벌금을 내야만 한다.

5. 경찰과 공무원은 필요하다면 언제든지 가택 수색을 할 수 있다.

6. 모든 학생은 매일 점심으로 김치 100g을 먹어야만 한다.

위에 있는 여섯 개의 사례를 모두 끝냈으면 다음은 법규가 갖춰야 할 특징의 목록을 "좋은 법규는 ~ 해야 한다"는 방식으로 만들어 보세요.

- 좋은 법규는 ＿＿＿＿＿＿＿＿＿＿＿＿＿＿ 해야 한다.
- 좋은 법규는 ＿＿＿＿＿＿＿＿＿＿＿＿＿＿ 해야 한다.
- 좋은 법규는 ＿＿＿＿＿＿＿＿＿＿＿＿＿＿ 해야 한다.
- 좋은 법규는 ＿＿＿＿＿＿＿＿＿＿＿＿＿＿ 해야 한다.
- 좋은 법규는 ＿＿＿＿＿＿＿＿＿＿＿＿＿＿ 해야 한다.

법규를 어떻게 평가할 수 있을까?

민주시민으로서 우리는 직접적으로 혹은 우리에 의해 선출된 대표자를 통해 규칙이나 법에 대해 투표할 기회가 많습니다. 앞에서 우리는 몇몇 법규들을 평가하고 그것들을 개선하는 방법에 대하여 학습했습니다. 그리고 좋은 법규가 갖춰야만 할 특징의 목록을 만들었습니다. 여러분의 만든 목록과 다음의 특징들을 비교해 보세요.

좋은 법규는,

- 공정해야 한다.

- 이해하기 쉬워야 한다.

- 목적 달성이 가능하도록 잘 설계되어야 한다.

- 기대되는 효과가 무엇인지 명백해야 한다.

- 사생활이나 자유와 같은 다른 가치들과 불필요하게 충돌하지 않도록 설계되어야 한다.

- 지키는 것이 가능해야 한다.

규칙이나 법을 평가할 때는 이러한 특징들을 가졌는지 점검해야 합니다. 이러한 점검 과정 자체가 규칙이나 법을 평가하기 위해 사용할 분석 방법 중 하나입니다. 규칙과 법을 평가하기 위하여 사용할 수 있는 다른 분석 방법들은 67쪽에 표로 제시되어 있습니다.

앞에서 규칙과 법을 평가하기 위한 몇 가지 중요한 분석 방법들을 학습하였습니다. 다음은 이러한 분석 방법들을 사용하여 법을 평가해 볼 것입니다. 다음 글을 잘 읽고 모둠별로 다음 페이지 규칙과 법을 평가하는 분석표에 있는 질문들에 답해 보세요.

인터넷 실명제

2006년 개정된 정보통신망법에 따르면 일정 규모 이상의 인터넷 사이트 게시판을 운영할 때는 반드시 이용자 본인 여부를 확인하도록 하는 제한적 본인 확인제가 시행되고 있다. 인터넷 실명제로 더 잘 알려진 이 제도는 인터넷상에서 언어폭력, 명예훼손, 허위 사실 유포, 타인의 주민등록번호 및 개인 정보 유출 등 나쁜 영향을 끼치는 악성 댓글과 의견 글 달기를 막기 위한 법적 제도적 장치를 마련하기 위해서 시행되고 있다.

그러나 이 법에 대해서 반대하는 사람들도 많다. 그들은 이 법이 표현의 자유를 침해하고 있으며, 특히 내부 고발자나 권력에 대한 비판 발언을 위축시킬 수 있다고 주장하고 있다. 또한 주민등록번호의 도용과 개인 정보 유출이 발생하는 등 부작용도 많이 발생하고 있어 이 법을 개정하거나 폐지해야 한다고 주장하고 있다.

규칙과 법을 평가하는 분석표

질문	답
1. 평가할 규칙은 무엇입니까?	
2. 이 규칙의 목적은 무엇입니까?	
3. 이 규칙은 꼭 필요합니까? 아니면 똑같은 목적에 도달할 수 있는 더 나은 방법이 있습니까?	
4. 이 규칙의 효과는 무엇이겠습니까?	
5. 이 규칙의 강점과 약점은 무엇입니까? 이 규칙은, • 공정합니까? • 이해하기 쉽습니까? • 목적 달성이 가능하도록 잘 설계되었습니까? • 기대되는 효과가 명백합니까? • 사생활이나 자유와 같은 다른 가치들과 불필요하게 충돌하지 않도록 설계되었습니까? • 지키는 것이 가능합니까?	
6. 이 규칙은 이대로 유지되어야 합니까? 아니면 수정되거나 폐기되어야 합니까? 그 이유는 무엇입니까?	

1. 우리 학교의 문제점 하나를 생각해 보세요. 그리고 그 문제를 해결할 수 있도록 학급 친구들과 규칙을 하나 만드세요. 반 친구들에게 그 문제와 여러분이 만든 규칙을 발표해 봅니다. 앞에서 배운 평가 절차를 이용하여 여러분이 만든 규칙에 대해 토의해 보세요.

2. 신문이나 잡지 기사를 보고 규칙에 대한 흥미 있는 기사를 찾으세요. 정치면, 경제면, 스포츠면 또는 다른 어떤 면의 기사라도 좋습니다. 앞에서 학습한 분석 방법들을 활용하여 이 규칙을 평가하고 자신의 견해를 지지하는 글을 써 보세요.

흠, 분석표라······

07. 법은 어떻게 만들 수 있나요?

학 습 길 잡 이

경기도 교육위원회의 가상 토론에 참여해 봅니다. 교육위원회에 한 조례안이 제출되었습니다. 제출된 조례안에 대해 제시된 자료를 참고하여 토론하고 이 문제를 해결할 조례안을 제안해야 합니다. 또한 자신의 제안한 조례안이 가장 좋은 해결책이라고 다른 교육위원들을 설득하도록 노력해야 합니다.

핵심 용어 알·아·두·기

• 도 교육위원회: 교육의 전문성과 지방 교육의 특수성을 살리기 위하여 각 도에 설치한 의결 기관. 교육, 학예에 관한 사항을 심의·의결한다.

• 조례: 지방자치단체가 법령의 범위 안에서 지방 의회의 의결을 거쳐 그 지방의 사무에 관하여 제정하는 법.

• 법률: 국회의 의결을 거쳐 대통령이 서명하고 공포함으로써 성립하는 국법.

• 인권: 인간으로서 당연히 가지는 기본적 권리.

생각 넓히기 ① **경기도 학생인권 조례안 평가하기**

새로 선출된 경기도 교육감은 학생들의 인권 상황이 열악하다고 판단하였고 1년 정도의 준비 기간을 거쳐 2010년 5월 28일 '경기도 학생인권 조례안' 을 경기도 의회에 제출하였습니다. 이것을 계기로 학생인권을 둘러싸고 사회적으로 많은 논란이 있었습니다.

이제 여러분은 경기도의회 의원이라고 가정하고 활동할 것입니다. 여러분은 새로운 조례를 만들 의무와 힘을 가지고 있습니다. 다음 5가지 자료를 참고해서 제출된 조례안에 대해 토론하세요.

[자료 1]은 학생인권 침해에 대한 학생 의견 자료이고 [자료 2]는 학생 지도의 어려움에 대한 교사 의견 자료입니다. [자료 3]은 학생인권 조례 제정을 준비했던 자문 위원회의 의견 자료이고 [자료 4]는 경기도 학생인권 조례안의 주요 내용이며 [자료 5]는 조례안을 준비하는 과정에서 논쟁이 되었던 사항들입니다.

[자료 1] 인권침해에 대한 학생 의견

오늘도 어김없이 조용한 교정에 '뻥뻥' 소리가 울려 퍼진다. 경기도 고양시의 한 중학교 교문 앞에는 20여 명의 학생이 일렬로 '엎드려뻗쳐' 를 하고 있다. 학생주임 선생님은 땀까지 흘려 가며 학생들의 엉덩이를 때리는 중이다. 그가 손에 쥔 것은 두께 2cm, 길이 1.2m의 오동나무 주걱이다. 주걱은 엉덩이에 맞춤하게 들러붙는다. 얇은 교복 치마와 바지가 허벅지에 휘감기며 살이 부르르 떤다. 가끔 선생님이 학생의 뺨을 때리기도 한다.

선도부장인 김명진(15) 군에겐 매일같이 반복되는 악몽 같은 순간이다. 중학교 3학년인 그는 매일 아침 7시 50분부터 '감시' 를 시작한다. 뒷머리가 셔츠 깃에 닿거나 앞머리가 눈썹을 넘어선 남학생을 잡아내야 한다. 머리가 어깨에 닿는데도 하나로 묶지 않았거나 염색을 한 여학생도 놓쳐선 안 된다. 가슴에 명찰을 차지 않았거나 교복을 줄여 입은 이들도 호출이다. 아무 죄 없는 학생까지 고개를 숙인 채 교문을 들어서며 선도부원의 시선을 피한다. 뭐라도 걸릴까 가슴이 뛴다.

선도부장을 시작할 때만 해도 "호랑이

잡으러 호랑이 굴에 들어간다"
는 심정이었다. 중학교 1학년
때부터 '청소년인권행동 아수
나로'에서 청소년 인권 활동가
로 활약해 온 그는 선도부장 활
동을 통해 학생인권 문제를 더
잘 살펴볼 요량이었다. 하지만
막상 매일같이 '인권 침해 가해
자'로 살자니 힘들었다. 그는
"인권 의식을 가진 사람으로서 친구들의
인권을 침해하는 선도부장으로 살아가니

학생들이 운동장에서 오리걸음 기합을 받는 장면. 학생인권
을 보호하기 위해 조례를 만드는 것이 좋은 것인지를 어떻
게 판단해야 할까?

이율배반이라는 생각에 괴로웠다"고 말
했다.

참고: 〈2010년 학생도 사람 선언〉, 《한겨레21》, 2010. 01. 15.

[자료 2] 학교 현실에 대한 교사 의견

온 사회가 하나의 병영 같았던 과거 1970~1980년대 권위주의적 사회에서 '교육적 체벌'이라는 이름으로 행해진 교사들의 자의적 폭력에 대한 크고 작은 악몽을 가진 사람이 의외로 참 많다. 그것이 학창 시절 단 한 번 일어난 일이라 하더라도 그 기억은 평생을 가는 상처가 된다. 오늘날도 과거만큼은 아니어도 과도한 체벌로 인한 문제는 끝난 것이 아니다. 체벌 금지를 담은 인권 조례가 해결하려는 학교 안 인권 침해의 전통적인 모습이다. 그러나 학교 안 인권 침해는 학생에 의해 일어나기도 한다. 거친 소수 학생이 일으키는 다른 학생에 대한 폭행·갈취 등의 문제가 이전보다 많아졌고, 과거에는 찾아볼 수 없었지만 학생이 교사에게 욕설을 퍼붓거나 폭력을 휘두르는 인권 침해 문제도 나타나고 있다. 학생들이 밥맛이 없다고 학교 식당 아주머니에게 욕설을 퍼붓는 사례도 발생하고 있다.

　중학교가 의무교육이 되면서 정학이나 퇴학 조처라는 것이 없어졌다. 이 때문에 학교에서 지속적인 문제를 일으키는 학생을 계속 안고 있어야 하는 교사들의 어려움이 커지고 있다. 격리 효과가 있는 전학 조처도 학부모가 동의하지 않으면 학교에서 강제할 수 없다. 다른 아이들이 두려움에 떨어도, 교사에게 욕설을 퍼부어도 교실에서 정의의 심판자이자 집행자이기도 한 교사는 별다른 제재라는 걸 취할 수 없다. 이들에 대한 제재가 제대로 이뤄지지 않자 학생들은 아무렇게나 행동해도 학교에서 어쩌지 못한다는 것을 학습하게 된다. 이런 분위기 속에 교육을 위해 필요한 교사로서 지녀야 할 최소한의 권위마저 흔들리고 있다.

참고: 〈교칙을 학생과 함께 만들어 보자〉, 《한겨레》, 2010. 08. 06.

[자료 3] 경기도 학생인권 조례 제정 자문 위원회 의견

　그동안 학교 현장에는 학생인권에 관한 명확한 기준이 없어 교육 공동체 구성원들 사이의 갈등과 불신이 증폭되었습니다. 그 갈등은 교사와 학생 사이의 갈등으로 한정되어 있지 않습니다. 학교 관리자, 교사, 보호자, 학생 상호 간의 갈등은 물론 학생 지도 방식을 둘러싼 교사·학생들 내부에서도 갈등이 지속돼 왔습니다.

자문 위원회는 학생인권 조례가 명확한 기준을 제시함과 아울러 학교가 무엇을 준비하고 변화해야 하는지를 보여 주는 지침으로 기능함으로써 그러한 갈등을 해소할 수 있다고 판단합니다. 모두가 수긍할 수 있는 기준과 학생 생활지도 방식이 자리 잡을 때, 학생들도 학교의 규칙을 자율적으로 준수하는 책임 의식을 기를 수 있을 것입니다. 상호 존중하는 문화가 자리 잡을 때, 불필요한 학생 통제에 쓰이는 교사들의 역량과 에너지가 학생과 소통하고 돌봄을 제공하는 데 쓰일 수 있고 교사의 정당한 권위도 확립될 수 있을 것입니다.

교육의 시작은 신뢰입니다. 교육 공동체 구성원이 서로 신뢰하지 않고 교사가 학생을 신뢰하지 않으면 교육이라는 만남은 일어날 수 없습니다. 학생인권 조례는 학생들이 교육을 통해 배움과 성장의 기쁨을 누리고 교사를 믿고 따를 수 있도록,

학교생활에서 불합리하고 폭력적인 요소들을 거둬 내고자 하는 것입니다. 부당한 통제나 일방적 지시, 타율과 획일성을 거둬 낸 자리에 대화와 소통, 자율과 다양성을 심고자 하는 것입니다.

자문 위원회는 학생인권 조례가 교육의 기둥인 교사와 학생 사이의 신뢰를 재건하고 학생들이 배움에 몰입할 수 있는 여건 조성을 지원함으로써 학교의 교육 기능을 정상화하는 데 기여할 수 있다고 판단했습니다.

참고: 경기도 학생인권 조례 제정 자문위원회, 2010. 2. 10.

[자료 4] 경기도 학생인권 조례안 주요 내용

- 차별받지 않을 권리
- 폭력 및 위험으로부터의 자유
- 교육에 대한 권리
- 자치 및 참여의 권리
- 복지에 관한 권리
- 징계 등 절차에서의 권리
- 소수 학생의 권리 보장
- 인권교육
- 인권 실천 계획
- 권리침해로부터 보호받을 권리
- 학생인권 침해에 대한 구제
- 양심·종교의 자유 및 표현의 자유
- 사생활의 비밀과 자유 및 정보에 관한 권리

[자료 5] 경기도 학생인권 조례안 제정 과정에서의 주요 논쟁 사항들

1. 학교에서 체벌은 금지된다.

2. 학교는 학생에게 야간 자율 학습, 보충 수업 등을 강제하여서는 아니 된다.

3. 학생은 복장, 두발 등 용모에 있어서 자신의 개성을 실현할 권리를 가진다.

4. 학교는 두발의 길이를 규제하여서는 아니 된다.

5. 학교는 학생의 휴대폰 소지 자체를 금지하여서는 아니 된다.

6. 학교는 학생에게 양심에 반하는 내용의 반성, 서약 등 진술을 강요하여서는 아니 된다.

7. 학생은 세계관 · 인생관 또는 가치적 · 윤리적 판단 등 양심의 자유와 종교의 자유를 가진다.

8. 학생은 학교 운영 및 교육청의 교육 정책 결정 과정에 참여할 권리를 가진다.

1. 조례안에 대해 토론하기 전에 먼저 학생인권과 관련하여 가장 쟁점이 되었던 [자료 5]에 대해 각자 생각을 정리할 필요가 있습니다. [자료 5]의 각 항목에 대해서 어떻게 생각하는지 써 보세요.

주요 논쟁 사항	찬성하나요, 반대하나요? 그 이유는?
1. 체벌 금지	
2. 야간 자율 학습, 보충수업 강제 금지	
3. 용모에서의 개성 실현	
4. 두발 길이 규제 금지	

주요 논쟁 사항	찬성하나요, 반대하나요? 그 이유는?
5. 휴대폰 소지 허용	
6. 양심에 반하는 내용의 반성, 서약 등 진술 강요 금지	
7. 양심의 자유와 종교의 자유	
8. 학교 운영 및 교육 정책 결정 과정에 참여할 권리	

2. 경기도 학생인권 조례안에 대해 평가해 보세요.

위의 [자료 1]에서 [자료 5]까지 잘 읽고 각자 다음 질문들에 대해 답해 보세요.

1) 평가되어야 할 조례안은 무엇인가요?

2) 제안된 조례안의 목적은 무엇인가요?

3) 그 조례안은 필요합니까? 조례안의 목적을 달성할 수 있는 더 나은 방법이 있나요?

4) 제안된 조례안의 효과는 어떤 것인가요?

5) 제안된 조례안의 장점과 단점은 무엇인가요?

6) 그 조례안은 그대로 유지되어야 하나요? 그 이유는 무엇인가요?

7) 아니면 수정되거나 폐기되어야 하나요? 그 이유는 무엇인가요?

교육위원회 그룹들의 입장

제출된 조례안에 대해 토론하기 위해 학급을 세 개의 모둠으로 나누세요. 각각의 모둠은 학생인권 문제에 대해 서로 다른 입장을 취할 것입니다. [모둠 1]은 제출된 조례안에 대해 찬성하는 입장을 취해야 하고 [모둠 2]는 제출된 조례안에 대해 반대 입장을 취해야 합니다. [모둠 3]은 제출된 조례안에 대해 수정해야 한다는 입장을 취합니다.

각 모둠에서는 다른 모둠원(다른 교육위원들)을 설득할 내용을 미리 준비하세요. 위에 제시된 자료 이외에 다른 자료들을 이용해도 좋습니다.

[모둠 1] 학생인권 조례안을 찬성하는 교육위원회 그룹

학생들의 인권 상황이 매우 열악하며 학생인권 조례 제정은 꼭 필요하기 때문에 조례안에 대하여 찬성한다는 주장을 해야 합니다.

[모둠 2] 학생인권 조례안을 반대하는 교육위원회 그룹

학생들은 공부해야 하는 시기이며 미성숙한 시기이기 때문에 학생인권 조례 제정에 반대한다는 주장을 해야 합니다.

[모둠 3] 학생인권 조례안을 수정하려는 교육위원회 그룹

학생들의 인권 보장에는 찬성하지만 예상되는 문제들에 대한 대책이 포함될 수 있도록 수정하고 보완해야 한다는 주장을 해야 합니다.

조례안 만들기

각각의 모둠은 서기와 대변인을 먼저 정합니다. 서기는 기록을 하고 대변인은 전체 토론 시간에 발표를 맡을 것입니다. 그런 후에 학생인권 문제에 대한 토론을 거쳐 모둠별로 자신의 견해를 대변하는 조례안을 만들어야 합니다. 제시된 경기도 학생인권 조례안 형식을 참고한 후에 아래에 있는 질문들을 이용하여 조례안을 만들어보세요.

1. 우리 모둠이 만든 대체 조례안의 목적은 무엇입니까?

2. 이 목적을 이루기 위해 조례를 만드는 것보다 더 좋은 방법이 있습니까? 설명해 보세요.

3. 우리 모둠이 만든 조례안이 조례가 된다면 어떤 효력이 있습니까?

4. 우리 모둠이 만든 조례안의 강점과 약점은 무엇입니까?

5. 왜 교육위원회 위원들이 우리 모둠이 만든 조례안을 통과시켜야 합니까?

경기도 학생인권 조례안

제1장 총칙

제1조(목적) 이 조례는 '헌법' 제31조, '유엔 아동의 권리에 관한 협약', '교육기본법' 제12조 및 제13조, '초ㆍ중등교육법' 제18조의 4에 근거하여 학생의 인권이 학교교육과정에서 실현될 수 있도록 함으로써 인간으로서의 존엄과 가치 및 자유와 권리를 보장하는 것을 목적으로 한다. (중략)

제2장 학생의 인권

제1절 차별받지 않을 권리

제6조(차별받지 않을 권리)

① 학생은 성별, 종교, 나이, 사회적 신분, 출신 지역, 출신 국가, 출신 민족, 언어, 장애, 용모 등 신체 조건, 임신 또는 출산, 가족 형태 또는 가족 상황, 인종, 피부색, 사상 또는 정치적 의견, 성적 지향, 병력, 징계, 성적 등을 이유로 차별받지 않을 권리를 가진다.

② 학교는 제1항에 예시한 사유로 어려움을 겪는 학생의 인권을 보장하기 위하여 적극적으로 노력하여야 한다.

제2절 폭력 및 위험으로부터의 자유

제7조(폭력으로부터 자유로울 권리)

① 학생은 따돌림, 집단 괴롭힘, 성폭력 등 모든 물리적 및 언어적 폭력으로부터 자유로울 권리를 가진다.

② 학교에서 체벌은 금지된다.

③ 학교와 교육감은 따돌림, 집단 괴롭힘, 성폭력 등 학교 폭력 및 체벌

을 방지하기 위하여 최선의 노력을 다하여야 한다. (후략)

참고: 경기도 학생인권 조례 제정 의견 수렴.

입법 토론을 위한 방침

◎ 전체 학생 중에서 교육위원회 의장으로 일할 사람을 선정해야 합니다.

◎ 각 모둠의 대변인은 교육위원회에 자신들의 만든 조례안을 3분 이내로 발표해야 합니다. 발표된 조례안에 대해 다른 모둠의 구성원들은 질문하거나 비판할 수 있으며 그 조례안을 만든 모둠 구성원들은 질문과 비판에 답해야 합니다.

◎ 각각의 모둠은 투표에서 이기는 데 필요하다면 조례안을 수정하거나 절충안을 만들고 발표할 수도 있습니다.

◎ 토론이 끝난 후 위원회는 조례안들에 대해 투표해야 합니다. 투표할 때 다음 질문을 고려하세요.

1. 각 조례안의 목적은 무엇입니까?

2. 그 조례안이 통과되었을 때 기대되는 효과는 무엇입니까?

3. 각 조례안의 장점과 단점은 무엇입니까?

1. 학급의 결정에 동의했나요? 그 이유는 무엇인가요? 아니라면 그 이유는 또 무엇인가요? 교육위원회 토론과 투표에 참여했던 자신의 소감을 노트에 짧은 에세이 형식으로 써 보세요. 그리고 학생인권 문제를 해결하는 최선의 방법은 어떤 것인지에 대해서도 자신의 견해를 써 보세요.

2. 여러분이 살고 있는 지방자치단체 의회에 제출된 조례안 중에서 관심이 가는 조례안 하나를 고르세요. 이 장에서 학습한 기준을 사용하여 제안된 조례안을 평가해 보세요. 그 조례안에 대한 자신의 견해에 동의하도록 설득하는 편지를 써서 지방자치단체 의회에 보내 보세요.

PART

권위의 이익과 비용

08. 권위의 결과는 무엇인가요?

09. 권위의 이익과 비용은 어떻게 평가할 수 있나요?

세계의 다른 나라에 평화를 유지하기 위해 군대를 파견하기로 한 정부의 결정에 따른 결과는 무엇일까요? 이 결과 중 어떤 것이 이익이 되고 어떤 것이 비용이 될까요?

모든 권위의 행사에는 특정한 결과가 따릅니다. 예를 들어, 유엔 평화유지군의 일부로 해외에 군대를 파견하면 세계의 분쟁 지역에 평화를 재건하거나 피난민을 도울 수도 있지만 시민과 군인의 죽음, 공공 기물의 파손, 우리 국민의 세금 지출 등 각종 희생이 따를 수도 있습니다. 그러므로 특정한 권위 행사의 이익(장점)과 개개인 및 사회가 치르는 비용(단점) 간의 경중을 판단하는 것은 중요합니다.

이 단원에서는 권위 행사의 일반적인 이익과 비용에 대해 학습할 것입니다. 그리고 권위를 가진 지위와 기관을 평가하는 데 필요한 분석 방법도 학습할 것입니다. 이 분석 방법들은 어떤 지위나 기관의 의무와 권력, 특권, 제한이 잘 설계되었는지 아니면 바뀌어야 하는지를 판단하는 데 도움이 될 것입니다. 또한 이 분석 방법들을 사용하여 권위를 가진 지위를 설계해 볼 것입니다.

08. 권위의 결과는 무엇인가요?

- **이익**: 권위가 올바르게 사용됨으로써 누리는 혜택.

- **비용**: 권위의 이익을 누리기 위해 치러야 하는 대가.

- **효율성**: 한정된 자원을 효과적으로 사용하는 것.

- **남용**: 권리나 권한 따위를 본래의 목적이나 범위에서 벗어나 함부로 행사하는 것.

- **민간 의료보험**: 국가에서 시행하는 건강보험과는 달리 일반 보험회사가 운영하는 의료보험으로서 계약자들이 낸 보험금만으로 운영됨.

학습길잡이

권위 행사의 결과는 이익과 비용으로 나누어 볼 수 있습니다. 권위의 일반적인 이익과 비용에 대해 알아봅시다. 권위에 대한 논쟁점을 평가해 보고 자신의 견해를 정리해 봅시다.

권위의 이익과 비용

권위의 결과에 대해 학습하기 위해 가상적인 상황을 설정해 보겠습니다. 국회에서 휴대폰 전자파의 피해가 성장기 청소년들에게 좋지 않다는 의학계의 의견을 받아들여 만 18세 미만은 휴대폰을 사용할 수 없다는 법을 통과시켰다고 가정합니다.

- 이 법의 결과에는 어떤 것들이 있나요?

82

- 그 결과 중 어떤 것이 이익이고 어떤 것이 비용인가요?
- 이 법에 영향을 받는 다양한 사람들(만 18세 미만 청소년, 그들의 부모, 경찰, 휴대폰 제조 및 판매업자, 국회의원)은 이 법과 관련된 이익과 비용에 대해 어떻게 생각할까요?

생각 넓히기   권위 행사의 결과가 이익인지 비용인지 결정하기

권위를 사용하는 데 따른 이익과 비용에 대해 짝꿍과 함께 토론할 것입니다. 다음 상황을 잘 읽고 질문에 답해 보세요.

◎ 국회는 증가하는 청소년 범죄를 막기 위해 만 18세 미만인 사람들은 오후 10시 30분 이후에 통행을 금지한다는 법을 통과시켰습니다.

◎ 국회는 오염을 방지하기 위해 산업 공장의 폐기물 처리에 대해 높은 표준을 정하는 법을 통과시켰습니다. 이 법을 지키지 않는 공장들은 무거운 벌금을 물어야 합니다.

◎ 국회는 폭력을 줄이기 위해 폭력 행위를 묘사하거나 보여 주는 것, 폭력 행위를 다룬 책이나 잡지를 인쇄하거나 판매하는 것 등을 모두 불법으로 하는 법을 통과시켰습니다.

1. 각 상황에서 권위의 결과에는 어떤 것들이 있나요?

2. 그 결과 중 이익은 무엇인가요?

3. 그 결과 중 비용은 무엇인가요?

권위의 일반적인 이익과 비용

권위 문제에 대한 결정을 내릴 때 권위 행사에 따른 이익과 비용을 알아보는 것은 매우 중요합니다. 다음은 권위의 일반적 이익과 비용입니다.

★ 이익이 되는 것들

① 안전: 권위가 행사되면 질서에 대한 예측이 가능해지고 개인이나 단체의 권리가 보호됨으로써 사람들이 더욱 안전하게 생활할 수 있습니다. 예를 들어, 살인, 폭행, 음주 운전과 그 밖에 여러 위반 행위들을 금지하는 법은 우리를 안전하게 합니다.

② 공정: 권위를 행사하여 자원의 공정한 분배와 분쟁의 공평한 처리를 증진할 수 있습니다. 예를 들어, 법은 법정에서 누구에게나 발언의 기회를 보장합니다.

③ 자유: 권리를 보호하는 법은 종교와 표현의 자유 등을 보장해 줍니다.

④ 효율성: 권위 행사자는 사람들에게 각자의 지위에 알맞은 책임을 부여함으로써 효율성을 높일 수 있습니다. 예를 들어, 교장은 학교의 원활한 운영을 위해 학교 업무를 교사들에게 나누어 맡길 수 있습니다.

⑤ 삶의 질: 법과 그것을 집행하는 사람들의 권위 행사를 통해 삶의 질을 보장하고 증대시킬 수 있습니다. 예를 들어, 법은 상수원 근처에 독성 물질을 버리는 것을 금지합니다.

⑥ 책임: 권위의 지위에 있는 사람은 자신의 일을 책임감 있게 완수하려고 할 것입니다. 예를 들어, 대통령은 헌법에 명시된 직책의 의무를 이행해야 하는 책임을 다하려고 할 것입니다.

⑦ 필수적인 서비스 제공: 필수적인 공익사업을 위하여 관련법을 통과시키고 그 사업을 수행할 권위 있는 지위에 사람들을 임명할 수 있습니다. 예를 들어, 법은 교사, 경찰, 사회복지사 등을 고용하도록 할 수 있습니다.

환경을 보호하기 위해 권위를 사용함으로써 얻게 되는 이익은 무엇일까?

★ 비용(대가)이 되는 것들

① 권력의 남용: 권위를 가진 사람들은 자신에게 주어진 지위와 권력을 남용할 수도 있습니다. 예를 들어, 박정희 대통령은 정치적 반대자를 제

거하는 데 자신의 권력을 남용했습니다.

② 감시의 필요: 권위를 가진 사람들의 권한을 침범하지 않는 선에서 그들이 책임을 제대로 수행하는지 감시해야만 합니다. 예를 들어, 시민 감시 단체들은 정부 기관과 선출된 대표자들의 활동을 감시합니다.

③ 변화에 대한 경직성과 저항: 권위의 지위에 있는 사람들은 변화에 대해 경직성과 저항감을 가질 수 있기 때문에 새로운 상황을 받아들이는 것이 어려워질 수 있습니다. 예를 들어, 공무원 시험에서 군 복무자에게 가산점을 주는 법률이 위헌이라는 결정이 났음에도 정부는 다시 군 복무자에게 가산점을 주는 법안을 추진하려고 합니다.

④ 접근하기 어려움: 많은 정부 기관이 복잡하게 얽혀 있고 규모가 크기 때문에 특정한 권위를 가진 지위에 있는 사람에게 접근하는 게 어려울 수 있습니다. 예를 들어, 홀로 사는 노인 중에 기초생활보장 수급권자가 되고자 하는 사람이 있어도 어떤 기관에서 누구를 어떻게 만나야 하는지 알기가 어렵습니다.

민주사회를 위한 변호사 모임, 참여연대 등 전국 75개 인권·시민·사회단체가 공동으로 사법 개혁을 촉구하는 기자회견을 열고 있다.

⑤ 자유의 제한: 모든 권위의 행사에는 당연히 자유의 제한이 따릅니다. 예를 들어, 자녀의 통금 시간을 정하는 부모의 권위는 자녀의 자유를 제한합니다.

⑥ 경제적 손실: 권위를 가진 사람과 기관을 지원하는 데에는 돈이 듭니다. 예를 들어, 우리는 정부 관료, 공무원, 판사, 군인 등의 월급을 지급하기 위해 세금을 냅니다.

1. 자신이 수행했던 권위와 그에 따른 이익의 예로는 어떤 것이 있었나요?
2. 자신이 수행했던 권위와 그에 따른 비용의 예로는 어떤 것이 있었나요?

가장 중요한 이익과 비용은 무엇인가?

법의 일반적인 이익과 비용을 알아보는 것은 그 법을 지지할지 여부를 결정하는 데 중요합니다. 또한 각 개인은 그 법과 관련해 어떤 이익과 비용이 가장 중요한지도 판단해야 합니다.

예를 들어, 10대의 10시 30분 통금에 대한 토론을 떠올려 보세요. 어른과 청소년 모두 이 통금이 10대의 자유를 제한하는 비용과 청소년 범죄를 감소시키는 이익을 가져온다는 사실에 동의할 것입니다. 이것은 그 법의 일반적인 이익과 비용입니다.

그러나 한쪽에서는 범죄의 감소라는 이익이 청소년 자유의 제한이라는 비용보다 더 크다고 생각할 것이고, 다른 한쪽에서는 범죄의 감소라는 이익보다 청소년 자유의 제한이라는 비용이 더 크다고 생각할 것입니다. 이처럼 각 개인에 따라 판단이 달라집니다. 그러므로 권위의 이익과 비용을 파악할 때 서로 다른 관점(입장)들을 고려해 보아야 할 필요가 있습니다.

생각 넓히기 ## 입장 정하기

국회가 의료보장 비율을 90%까지 증대시키는 내용을 중심으로 하는 법안 개정을 추진 중이라고 가정해 봅시다. 현재 우리나라 의료보장 비율은 대략 60% 정도입니다. 만일 이 개정 법안이 국회에서 통과된다면 국민은 거의 무상 의료에 가까운 혜택을 받을 수 있게 됩니다. 그러나 이것이 가능해지려면 건강보험 재정이 확충되어야 합니다. 우리나라 건강보험 재정은 국민 부담 보험료를 기준으로 기업 부담 보험료와 국고 지원이 연동하는 구조로 되어 있습니다. 국민 부담 보험료로 전체 건강보험 재정의 약 50%가 마련되고 기업 부담 보험료가 약 30%, 국고지원이 약 20%를 차지하고 있습니다. 다음 자료는 건강보험 보장성 확대를 위해 노력하는 시민 단체의 글입니다.

2010년 현재 국민 1인당 월평균 국민 건강보험료는 33,000원가량입니다(가구당 82,000원). 그런데 민간 의료보험 가입자가 내는 민간 보험료는 1인당 월평균 120,000원이나 됩니다. 민간 의료보험료로 내는 돈 일부만 국민 건강보험료로 돌려도 국민 건강보험만으로 병원비 걱정에서 벗어날 수 있습니다.

국민 건강보험료를 현행보다 34% 인상하면, 민간 의료보험 없이 국민 건강보험 하나만으로도 병원비를 해결할 수 있습니다. 2010년 기준으로 34% 인상률을 금액으로 계산해 보면, 국민 1인당 월평균 1만 1천 원입니다. 가구당으로는 월평균 2만 8천 원입니다. 건강보험에 대한 정부 지원금 비율을 높이면 추가 보험료 부담은 이보다 줄어듭니다.

참고: 건강보험 하나로 시민회의(www.healthhanaro.net).

윗글을 잘 읽고 이 법안에 대해 깊이 생각해 보고 다음 활동을 해 보세요. 아래에 있는 단체들은 이 법안에 대해서 각각 입장에 따라 이해관계가 서로 다릅니다. 4개의 모둠을 만들고 각 모둠은 아래에 있는 단체 중 하나를 대표합니다. 각각의 모둠은 자신의 입장에서 가장 중요한 이익과 비용이 무엇인지 발표해 봅니다.

- 건강보험 하나로 시민회의
- 정부
- 기업
- 민간 의료보험회사

1. 각각의 모둠이 가장 중요하다고 생각하는 이익과 비용은 무엇인가요?

모둠	이익	비용
건강보험 하나로 시민회의 (모둠 1)		
정부(모둠 2)		

모둠	이익	비용
기업(모둠 3)		
민간 의료보험회사(모둠 4)		

2. 각각의 모둠이 이익과 비용의 중요성을 평가할 때 그것에 영향을 끼친 이해 관계는 무엇인가요?

모둠	이익과 비용의 평가에 영향을 끼친 이해관계
건강보험 하나로 시민회의 (모둠 1)	
정부(모둠 2)	
기업(모둠 3)	
민간 의료보험회사(모둠 4)	

생활에 적용하기

1. 여러분의 학교에는 어떤 규칙이 있나요? 두세 가지 규칙을 선정해서 각각의 이익과 비용을 서술하세요.

2. 여러분이 본 TV 프로그램이나 영화의 내용 중 권위의 행사를 보여 준 사례를 찾아 보세요. 그리고 노트에 그 권위 행사의 결과들을 나열해 보세요. 각각의 결과마다 그것이 이익인지 비용인지 판단해 보세요.

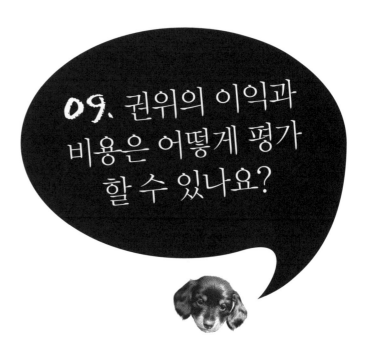

09. 권위의 이익과 비용은 어떻게 평가할 수 있나요?

법정 상황에서 권위의 이익과 비용에 대해 배웁니다. 사건을 잘 파악한 후 관련된 논쟁들에 대한 판결을 내려야 합니다. 권위 행사에 따른 이익과 비용의 중요성을 설명해 봅시다.

생각 넓히기 ① **PD수첩 방송 내용 점검하기**

PD수첩 제작진 재판 사례를 통해 법정 상황에서 권위의 이익과 비용을 평가해 봅시다. 심리를 준비하기 전에 PD수첩 방송 내용과 관련한 사항들을 점검할 것입니다. 다음에 제시된 글들을 잘 읽고 관련된 질문에 답해 보세요.

• PD수첩: MBC의 시사고발 프로그램.

• 심리: 소송 사건에 관하여 법관이 판결에 필요한 모든 일을 공식적으로 심사하는 과정.

• 고소: 범죄로 인해 피해를 본 자나 그 법정대리인이 수사기관에 범죄를 알려 범인을 체포, 기소하여 달라고 요구하는 것

• 항소: 판사의 판결에 불복하여 상소하는 것.

• 항소심: 항소된 사건에 대하여 심리하는 것.

• 광우병: 뇌 기능이 마비되어 죽음에 이르는 병.

2008년 4월 18일 한미 쇠고기 협상이 타결되었습니다. 핵심 내용은 '1단계로 30개월 미만으로 갈비 등 뼈를 포함한 쇠고기 수입을 허용하고 2단계로 검역 조치를 강화하면 30개월 이상 쇠고기도 수입을 허용' 한다는 것입니다. 즉 미국산 쇠고기의 수입을 허용한다는 것이었습니다. 이 협상은 정부가 시민과 충분한 토론과 의견 수렴을 거치지 않은 상태에서 이루어졌습니다. 시민들은 일방적인 정부의 협상 타결에 대해 비판을 제기하였으며 또한 미국산 쇠고기의 광우병 위험에 대해 많은 사람이 불안감을 갖게 되었습니다. 각종 언론에서도 이 협상을 주요 뉴스로 다루고 있었는데, 특히 2008년 4월 29일 MBC PD수첩에서 방영된 '긴급취재! 미국산 쇠고기, 과연 광우병에서 안전한가' 편이 사회적으로 큰 파문을 일으켰습니다. 그 내용을 요약하면 다음과 같습니다.

미국에서 주저앉는 소(다우너 소)를 도축하는 동영상이 공개되었다. 이로 인해 미국에서 사상 최대 쇠고기 리콜 사태가 났으며, 미국 한 여성이 인간광우병 의심 증세로 2주 만에 사망했다. 미국 내에서도 쇠고기의 안전성에 대한 불안이 증가하고 있다. 광우병은 30개월 이상 소에서 주로 나타나며 뼈와 내장, 뇌수 등의 부위가 위험하다고 알려졌다. 또한 한국인의 유전자가 광우병에 취약하다는 연구 결과가 나왔다. 우리 정부는 30개월 미만 쇠고기는 뼈를 포함하여 수입하고, 30개월 이상 쇠고기도 수입할 수 있다고 협상하였다. 우리 정부의 협상은 과연 먹을거리 안전을 제대로 보장하고 있는가?

PD수첩 방영의 여파는 매우 컸습니다. 5월 초부터 미국산 쇠고기 수입 반대 촛불시위가 시작되면서 6월에는 전국적으로 퍼져 나갔습니다. 시민들에게 미국산 쇠고기 수입과 광우병 위험은 중요한 문제였으며 열띤 논쟁거리였습니다. 방송과 신문에서도 미국산 쇠고기 수입과 광우병 위험에 관련된 내용을 주요 기사로 다루었습니다. 그러나 언론사에 따라 이 문제를 보는 시각은 많은 차이를 보였습니다. 다음은 윗글과 선명하게 대비되는 시각의 신문 기사입니다.

'고의성' 짙은 PD수첩 수사

정부와 여당에서 문제로 삼고 있는 영어 자료 오역과 아레사 빈슨의 사인에 대한 논란은 PD수첩이 지적한 미국산 쇠고기의 위험성에 대한 문제 제기를 뒤집을 만한 사안이 아니다. 하지만 미 보건 당국이 아레사 빈슨의 사망 원인을 광우병이 아니라고 발표하자 정부와 여당은 마치 기다렸다는 듯 보수 신문과 협공 작전으로 PD수첩에 대해 대대적인 공세를 펴고 있다. 오역과 빈슨의 사인과 관계없이 미국산 쇠고기가 광우병 위험에 노출되어 있다는 PD수첩의 문제 제기는 미국산 수입 쇠고기를 직·간접적으로 먹을 수밖에 없는 우리 국민들이 반드시 알고 따져 봐야 하는 내용이다.

만약 방송이 PD수첩과 같은 문제 제기 없이 정부가 발표하는 내용만을 근거로 미국산 쇠고기는 안전하다는 보도를 했다면 어떻게 되었겠는가? 생각만 해도 끔찍하다. 독재 정권 시절처럼 방송이 고의성을 가지고 정보를 왜곡해서 전달했다면 당연히 책임을 물어야 할 것이다. 그러나 프로그램 내용이 공공의 이익에 부합하고 실수로 인해 일부 내용을 오역한 것이 전체 프로그램 내용의 본질에 어긋나지 않는다면 언론의 자유로운 비판과 감시 기능 확보를 위해 처벌 대상이 되어서는 안 된다.

참고: 〈'고의성' 짙은 PD수첩 수사〉, 《경향신문》, 2008. 06. 30.

'미국 쇠고기=광우병' 날조 TV 어찌해야 하나

한미 쇠고기협상이 타결된 것이 2008년 4월 18일이다. 그때는 우리 사회에 "미국 쇠고기 먹으면 광우병 걸린다"는 괴담은 거의 떠돌지 않았다. 그러다 보름이나 지난 5월 2일 "열다섯 살밖에 못 살았는데 죽게 생겼다"는 중학생들과 시민들이 촛불시위를 열기 시작했다.

차분하던 민심에 불을 지른 것은 4월 29일 방영된 MBC PD수첩 '미국산 쇠고기, 과연 광우병에서 안전한가' 였다. 이를 기폭제로 TV는 '미국 쇠고기=광우병'이라는 인식을 심어 주는 주장을 융단폭격식으로 쏟아냈다. PD수첩의 핵심 주장들이 날조이거나 고의적 왜곡이라는 사실이 만천하에 드러났지만 이 무책임한 주장들은 인터넷을 타고 증폭되면서 지금 세계 어디에도 없는 광우병 파동을 만들어냈다.

　　MBC 뉴스데스크는 PD수첩 이후 사흘 동안 미국 쇠고기의 위험성을 다루는 연속 기획을 내보냈고 많을 때는 전체 25건 기사 중 13건을 할애했다. 곳곳에 광우병도 아닌 '주저앉는 소' 영상을 배경으로 쓰면서 '미국 소=광우병'이라는 시청자 세뇌를 시켰다. 5월 4일엔 "주저앉는 소들은 광우병이 의심되지만 식용으로 판정받았다"는 무책임한 PD수첩 주장을 반복했다.

참고: 〈'미국 쇠고기=광우병' 날조 TV 어찌해야 하나〉, 《조선일보》, 2008. 06. 27.

상황 점검하기

1. 한미 쇠고기 협상 내용은 무엇인가요?

2. PD수첩이 방송한 내용의 핵심은 무엇인가요?

3. 시민들은 미국산 쇠고기 수입 허용에 대해 어떤 반응을 보였나요?

4. PD수첩의 방송 내용에 대한 시각은 신문사별로 어떻게 다른가요?

생각 넓히기 ② 　권위의 이익과 비용 평가하기

　　PD수첩 제작진 재판 사례를 통해 법정 상황에서 권위의 이익과 비용을 평가하는 활동을 할 것입니다. 다음에 제시되는 'PD수첩 제작진 1심 재판', 'PD수첩 제작진 2심 재판'을 잘 읽고 권위의 이익과 비용을 평가해 보세요.

PD수첩 제작진 1심 재판

PD수첩 방송 이후 시민들의 정부 협상에 대한 비판과 광우병 위험에 대한 불안이 갈수록 커지자 정부(농림수산식품부)는 2008년 6월 20일 PD수첩 제작진이 광우병 위험을 왜곡 보도했으며 그로 인해 명예훼손과 업무방해를 받았다고 검찰에 고소하였습니다. 그 후 1년 6개월이라는 오랜 법정 공방 끝에 2010년 1월 20일 1심 판결이 내려졌습니다. 다음 글은 판결 내용을 간추린 것입니다.

검찰은 "다우너 소가 광우병에 걸렸다고 보도한 것은 허위"라고 주장했다.

PD수첩은 "주저앉는 소가 광우병에 걸린 것인지는 단정할 수 없다. 광우병에 걸리지 않은 것이라고 단정할 수도 없다. (왜 주저앉는 것인지) 정확히 진단하기 전에 도축돼버렸기 때문"이라고 보도했다. 재판부는 "주저앉는 증상이 광우병의 징후일 수 있다며 다우너 소의 도축을 미국이 금지한 것으로 보아…… (다우너 소를) '광우병 의심 소'라고 보도한 것이 허위 사실이라고 볼 수 없다"고 판결했다.

검찰은 아레사 빈슨이 '인간광우병'이 아닌 다른 병으로 사망했음을 알면서도 PD수첩이 왜곡 보도했다고 주장했다.

당시 아레사 빈슨을 치료한 병원은 인간광우병 의심 진단을 내렸다. 사망 후 정밀 부검 결과, 아레사 빈슨의 사인이 급성 베르니케 뇌 병변인 것으로 밝혀졌지만, PD수첩 취재 당시에는 그를 인간광우병 환자로 볼만한 충분한 근거가 있었다. 재판부는 "인간광우병 의심 진단을 받고 사망했으므로, 방송 이후 실제 사인이 급성 베르니케 뇌 병변으로 밝혀졌다고 하여, 보도 내용을 허위라고 볼 수 없다"고 판결했다.

재판부는 PD수첩을 고소한 정운천 전 장관, 민동석 전 농업통상정책관에 대한 명예훼손 혐의를 받아들이지 않았다. 보도에 등장한 두 사람은 '자연인'이 아니라 주무 부처의 책임자로서 등장했다는 것이다.

업무방해 혐의 역시 무죄를 선고했다. 재판부는 "보도를 통해 미국산 쇠고기의 안전성 여부 및 쇠고기 수입 협상의 문제점을 비판하였던 것이지 미국산 쇠고기를 수입하여 판매하는 업무를 방해하려는 고의가 있다고 보기 어렵다"고 판결했다.

재판부는 판결문에서 PD수첩 보도의 정당성을 "국민의 생명 및 건강에 관련되는 정부 정책이라면 항상 국민의 감시와 비판의 대상이 되어야 한다. 정부 정책이 문제점을 가지고 있다고 의심할 만한 충분하고도 합리적인 이유가 있는 경우, 그 시정을 촉구하는 감시와 비판 행위는 언론 자유의 중요한 내용이다"라고 했다.

참고: 〈웃기고도 슬픈 광우병 희비극〉, 《한겨레21》, 2010.01.29

1. 정부는 PD수첩 제작진을 무슨 혐의로 고소했나요?

2. 1심 판결의 내용은 무엇인가요?

3. 1심 판사의 권위 행사 결과를 이익과 비용으로 나누어 판단해 보세요.

　　① 이익 –

　　② 비용 –

4. 1심 판사는 언론의 역할에 대하여 어떻게 말하고 있나요?

PD수첩 제작진 2심 재판

검찰은 재판 결과에 대하여 곧바로 항고하였으며 2010년 12월 2일 재판부는 2심 판결을 내렸습니다. 다음 글은 2심 판결 내용을 요약한 것입니다.

명예훼손과 업무방해에 대하여 1심과 마찬가지로 무죄를 선고했다. 그러나 △미국인 아레사 빈슨의 사인 △한국인의 인간광우병 발병 확률 △주저앉는 소(다우너 소) 등 일부 사실에 대해 허위라는 판단이 내려졌다.

아레사 빈슨이 인간광우병 의심 진단을 받고

사망한 상태였던 것은 사실이나, 부검 전에는 아레사 빈슨의 사인을 확실히 알 수 없는 상태였고 방송 이후 부검 결과 아레사 빈슨의 사인은 인간광우병이 아닌 것으로 밝혀졌으므로 보도 내용은 허위에 해당한다고 판결했다.

한국인의 광우병 발병 확률이 높다는 보도에 대해 국민의 94.3%는 유전자형이 MM형이고 MM형인 사람이 인간광우병에 걸릴 가능성이 크다는 유력한 논문이 있는 것은 사실이지만, 인간광우병 발병에는 다양한 요인이 작용할 수 있고 MM형인 사람이 광우병에 걸린 쇠고기를 섭취한다고 해서 100% 인간광우병에 걸리는 것은 아니므로 보도는 허위에 해당한다고 판결했다.

주저앉는 증상이 광우병에 걸린 소에게 나타날 수 있는 증상인 것은 사실이지만, 소가 주저앉는 증상의 발생에는 광우병 외에도 다양한 원인이 있고, 동영상 속 다우너 소들이 광우병에 걸렸을 가능성은 그리 크지 않아 허위에 해당한다고 판결했다.

참고: 〈판사들, 고개 숙인 언론 자유를 일으켜 세우다〉, 《한겨레21》, 2010. 12. 10.

1. 1심 판결과 2심 판결의 차이를 찾아 보세요.

2. 2심 판사의 권위 행사 결과를 이익과 비용으로 나누어 판단해 보세요.

　　① 이익 –

　　② 비용 –

　　각자 역할을 나누어서 대법원에서 이 사건의 재판을 담당할 것입니다. 심리를 준비하기 위해 '생각 넓히기 ①'에서 학습한 'PD수첩 방송 내용'과 '생각 넓히기 ②'에서 학습한 'PD수첩 제작진 1심 재판', 'PD수첩 제작진 2심 재판'을 잘 생각하면서 다음 활동을 진행하세요.

항소 심리의 준비

　　검찰은 2심 판결에도 불복해서 2010년 12월 6일 대법원에 상고장을 제출했습니다. 이제 여러분은 대법원에서 재판을 담당할 것입니다. 앞서 '어떻게 생각해?'의 질문에 답하면서 이 사건에 대하여 여러분 자신의 생각을 각자 정리해 보았을 것입니다. 학급 전체를 3명씩 한 모둠으로 나누세요. 3명 중 한 명은 PD수첩 제작진의 변호사 역할을 하고 또한 명은 검사 역할을 하고 나머지 한 명은 사건을 판단하는 판사 역할을 합니다. 변호사와 검사는 각각 자신의 관점에서 이 사건을 토론하고 판사 앞에서 벌일 논쟁을 준비하세요. 판사는 사건을 잘 파악하여 각자에게 질문할 것을 준비하세요.

항소 심리의 진행

1. 준비가 끝나면 학생 3명씩으로 이루어진 작은 모둠들로 나누어 앉으세요. 각각의 모둠은 판사와 변호사, 검사로 구성됩니다.
2. 모둠별로 활동할 것이며 판사가 먼저 심리를 시작합니다. 검사와 변호사는 6분 이내로 자신의 주장을 펼치고 나서 서로 논쟁을 합니다. 각 측이 주장과 논쟁을 하는 동안 판사는 언제든지 질문을 할 수 있습

니다. 주장과 논쟁이 끝나면 각 측은 각각 2분 내로 반론할 수 있습니다. 모든 과정이 끝나면 판사는 판결을 내리고 판결의 근거를 설명해야 합니다.

3. 모둠별 활동이 끝나면 학급 전체가 그 사건에 대해 토의합니다. 먼저 판사역을 맡았던 학생들이 자신의 판결을 학급 전체에 보고합니다.

  • 모든 판사가 같은 결론에 도달했습니까?

  • 어떤 판결이 우세합니까?

4. 마지막으로 학급 전체는 모둠별로 진행된 심리 과정을 토론합니다.

  • 심리 과정이 서로 공평하게 잘 이루어졌습니까? 그 이유는 무엇인가요? 아니라면 그 이유는 무엇인가요?

  • 더 나아지기 위해 어떤 변화가 있어야 할까요?

생활에 적용하기

1. 항소심 판사가 취한 입장을 지지하거나 반대하는 글을 써 보세요. 항소심과 관련된 이익과 비용에 관하여 자신의 입장에서 서술해 보세요.

2. 권위의 지위에 있는 사람을 인터뷰하고(학교 교장, 경찰, 시 공무원 등) 그 사람에게 자신의 권위를 행사하는 데 따른 이익과 비용을 설명해 달라고 요청해 보세요. 그다음에는 그 사람의 권위에 영향을 받는 사람을 인터뷰하고(학생, 시민, 시의 거주자) 그 권위 행사의 이익과 비용에 대해 설명해 달라고 요청해 보세요. 조사한 결과를 가지고 이익과 비용을 비교하여 유사점과 차이점을 나타내는 보고서를 작성해 봅니다.

권위의 범위와 한계

10. 권위는 어떻게 해야 잘 조직할 수 있나요?

11. 사형선고를 내린 법관의 권위는 어떻게 평가할 수 있나요?

12. 권력의 위치는 어떻게 디자인할 수 있나요?

13. 권력에 대한 도전은 무엇으로 제한할 수 있나요?

대통령이나 법원의 판사들, 그들이 가진
권위의 한계와 적당한 범위는 무엇일까요?

　우리가 직면한 중요한 사회적 문제들은 그와 관련한 권위에 대한 여러 가지 의문들을 반드시 포함하고 있습니다. 이 문제들과 관련된 권위들은 잘 구성되어 있을까요? 그리고 그렇게 구성된 권력의 지위는 권력 남용을 막기 위해 노력하는 사람들에게 충분한 힘을 주고 있을까요? 이번 단원에서는 권력의 지위를 평가하는 몇 가지 방법을 배웁니다. 여러분은 의무, 권력, 특권, 권위의 한계 등이 잘 짜여 있는지 평가해 보고, 더 나아가 그것들을 바꿀 필요가 있는지 결정하게 될 것입니다. 나아가 권력의 지위를 직접 재구성해 봄으로써 지금까지 공부해 온 것들을 직접 실행에 옮기게 될 것입니다.

10. 권위는 어떻게 해야 잘 조직할 수 있나요?

무엇이 잘 조직된 권위를 만들 수 있는가?

앞의 학습 과정을 거치면서 권위를 가진 사람들이 여러분에게 영향을 주고 있다는 사실을 이해했을 것입니다. 여러분의 부모님, 선생님 그리고 학교 운영 위원들은 여러분의 삶에 영향을 줄 수 있는 결정을 내립니다. 우리의 지방자치단체나 중앙정부도 권위를 가진 사람들에 의해 운영되고 있습니다. 이들은 종교 지도자, 경찰관, 판사, 의회의 의원, 대통령과 같은 다양한 지위를 갖고 있습니다. 대한민국 시민인 우리는 이처럼 많은 사람에게 커다란 책임과 힘을 부여하고 있습니다. 우리는 그들에게 이러한 힘을 제공함으로써, 그들이 우리에게 필요한 서비스들을 제공해 줄 수 있기를 기대합니다.

이러한 사회 구조 안에 사는 시민인 우리가 직면한 중요한 이슈들에는 권력의 지위에 관한 질문들이 포함되어 있습니다. 사람들은 어떤 권력의 지위가 잘 구성되어 있는지에 대해 서로 다른 의견을 가질 수 있습니다.

그렇더라도 한 가지 사실만은 분명합니다. 권력을 가진 사람들의 의무와 힘, 특권 그리고 그 한계는 무엇인지를 우리 시민들이 평가하고 계획하는 일이 매우 중요하다는 것입니다. 그 이유는 권력을 가진 사람들이 우리 삶에 주는 영향이 매우 크기 때문입니다.

만약 권위가 어떻게 조직되는지 살펴보고 반성하는 데 게을러진다면, 이는 우리 삶의 기초가 되는 기본적인 자유를 해치는 결과를 가져올 수 있습니다.

- 우리의 지난 고대사에서 현대사까지를 통틀어서 형편없이 구성된 권위의 예로 무엇을 들 수 있습니까? 이러한 권위의 구체적인 결점은 무엇입니까? 이러한 결점들 때문에 발생한 결과는 어떠했습니까?
- 권위를 평가하는 것이 중요할 수밖에 없는 이유는 무엇입니까?

생각 넓히기 ① 권위(권력의 지위)를 조직할 때의 문제점 평가하기

아래의 내용은 몇 가지 권력의 지위를 묘사하고 있습니다. 각각의 지위는 무언가 잘못된 점이 있습니다. 잘 읽고 질문에 답해 봅시다.

◎ 어느 국가의 헌법에 따르면 통치자는 모든 법률을 직접 만들고, 우편물을 배달하고, 거리를 청소하고, 길 잃은 동물을 위해 순찰을 하고, 모든 범죄의 재판을 총괄하며, 텔레비전 방송국을 운영해야 할 의무가 있습니다.

◎ 어느 국가에서는 입법부(의회)의 모든 구성원에게 완벽한 직장 생활을 보장합니다. 그들은 무슨 짓을 저질러도 직장에서 쫓겨나지 않습니다.

◎ 지훈이가 교장에 의해 동안 고등학교의 학생회 생활부장으로 임명되었을 때, 교장은 그에게 전교생을 총괄하는 모든 권력을 주었습니다. 교장은 지훈이가 원하는 어떤 것이든 학생들에게 시킬 수 있다고 말했습니다.

◎ 새롭게 선출된 시장은 어떤 시민에게도 자신에게 말을 걸거나 편지를 쓰는 것을 허락하지 않았습니다. 시장으로 재직하는 동안 그는 자신의 집무실 안에만 틀어박혀 있었고 전화선조차 뽑았습니다.

◎ 시의회는 '속도 제한법'을 집행하기 위해서 6명의 교통 통제관을 임명했습니다. 그런데 시의회는 이 교통 통제관들에게 경찰차나 오토바이, 심지어 호루라기조차 마련해 주지 않았습니다.

◎ 종교 재판소장은 마치 판사와 같았습니다. 그의 일은 유죄와 무죄를 선고하는 것이었습니다. 그는 고소된 사람들로부터 자백을 받아 내

기 위해 종종 고문을 가했습니다. 결백한 사람들조차 그 끔찍한 고문의 고통에서 벗어나기 위해 허위로 자백했습니다.

1. 위에 묘사된 각각의 권력의 지위에는 어떤 잘못된 점이 있다고 생각하나요?

2. 여러분이 확인한 문제점들을 잘 살펴보고, 그 권력의 지위(권위)를 구성할 때 무엇을 포함해야 하고 없애야 하는지를 설명해 보세요.

생각 넓히기 ② 권력의 범위와 한계를 결정짓는 방법

앞서서 한 토론 활동을 통해 잘못 조직된 권위가 어떻게 잘못 작동할 수 있는지 이해할 수 있었을 것입니다. 우리는 이러한 문제점들을 어떻게 방지할 수 있을까요? 아래에 8개의 질문이 있습니다. 특정한 권력의 지위가 가진 범위와 한계를 평가하기 위해 이와 같은 분석 내용을 활용할 수 있습니다.

1. 평가하고자 하는 지위는 어떤 것인가요?

2. 그 지위의 목적은 무엇인가요?

3. 그 지위는 위와 같은 목적을 달성하는 데 필수적인가요?

4. 의무, 힘, 특권, 지위의 한계에는 어떤 것이 있나요?

5. 그 지위들을 다시 구성한다면 어떤 효과를 기대할 수 있나요?

6. 그 지위의 장점과 단점은 무엇인가요?

• 그 지위는 목적을 달성하기 위해서 잘 구성되어 있나요?

• 그 지위는 충분히 감당할 만하고, 과도하지 않은 적절한 힘을 가지고 있나요?

• 그 지위에 있는 사람들이 자신들이 하는 일에 대해 책임감을 잃지 않도록 할 방법이 있나요?

• 의무로 인해 지위에 지나친 부담이 가해지는 것은 아닌가요?

• 그 지위의 의무를 완수하기 위한 충분한 자질이 있나요?

• 그 지위는 그 권력을 행사할 때 반드시 공정하고 인도적인 방법을 사용해야 하나요?

• 그 지위가 개인의 자유와 사생활과 같은 권리를 보호하도록 구성되어 있나요?

• 그 지위는 권력을 행사할 때 사람들이 기꺼이 참여하고 돕기에 알맞도록 만들어져 있나요?

7. 지금까지 확인한 문제점을 바로잡기 위해서 여러분은 그 권력의 지위를 어떻게 변화시킬 것인가요?

8. 그 지위는 지금처럼 유지되어야 하나요? 혹은 변화시켜야 하나요? 아니면 없애야 하나요? 여러분이 그렇게 결정한 이유와 그것의 장점과 단점을 설명해 보세요.

1. 위에서 살펴본 8가지 분석 내용은 권력의 지위를 평가하는 데 어떤 면에서 유용하리라고 생각하나요?

2. 특정한 권력의 지위(권위)를 평가하는 것이 중요한 이유는 무엇인가요?

생활에 적용하기

1. 여러분이 TV에서 보았거나 신문, 잡지 또는 책에서 읽어 보았던 권력의 지위(권위)를 선택해 보세요. 그 지위를 평가하기 위해 이번 장에서 배운 분석 내용을 활용해 보세요.

2. 대통령의 지위가 잘 구성되어 있지 않은 국가에서는 어떤 일이 발생할지 설명해 보세요.

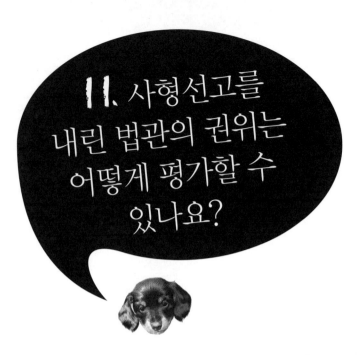

11. 사형선고를 내린 법관의 권위는 어떻게 평가할 수 있나요?

핵심 용어 알아두기

• 기소: 검사가 특정한 형사 사건에 대하여 법원에 심판을 요구하는 일.

• 반공청년단: 이북에서 월남한 청년들로 구성되어 반공 운동에 앞장선 청년 단체.

• 번복진술: 피고인이 전에 진술한 것을 번복함.

• 사법살인: 죄가 없음에도 법률에 의해 사형선고를 받거나, 사형을 선고받아 사형당한 것.

• 진보당: 진보적 정책을 내세우는 정당.

• 진실·화해를 위한 과거사정리위원회: 은폐된 과거사의 진실을 밝히고 과거와의 화해

학습길잡이

법원의 판사의 권위를 살펴보기 위해 지난 시간에 배운 분석 내용을 사용해 봅니다. 여기에 등장하는 판사 외에 권위를 지닌 지위에 대해서도 평가해 봅시다.

생각 넓히기 권력 있는 지위(권위) 평가하기

이 장에서는 우리나라 2대, 3대 대통령 선거의 유력한 후보였던 조봉암(호는 죽산) 선생의 재판 과정과 그 결과 그리고 52년 만의 재심 결과에 대해 다룹니다. 1959년 재판 결과에 따라 사형이 집행된 조봉암 선생이 52년 후에는 우리나라 대법원에 의해 무죄 판결을 받았습니다. 52년 전의 우리나라 사법부(법원)의 판결에 문제가 있었다는 것이며, 이는 곧 판사들이 가진 권위에 대해 점검할 필요가 있다는 사실을 보여 줍니다.

다음 [배경] 글을 통해 이 사건의 줄거리를 알아봅시다.

[배경]

　조봉암 선생은 1956년 11월 진보당 창당 후 민의원 선거를 준비 중이던 1958년 1월 육군 특무부대에 구속됐습니다. 당시 그는 1956년 3대 대통령 선거에서 이승만 대통령에게 맞서 216만 표를 얻으며 대중적인 지지를 넓혀 가던 중이었습니다. 특무부대는 첩보부대 공작 요원인 양 씨에게서 '북한의 지령과 함께 자금을 조봉암에게 전달했다' 는 진술을 확보한 뒤 조봉암 선생에게 간첩 혐의를 적용했습니다. 1심에서 징역 5년이 선고됐으나 2, 3심에선 각각 사형이 선고되어 즉시 사형당하였습니다. 이에 따라 제헌 국회의원 · 초대 농림부 장관 등 건국의 주역이었던 그에게 '간첩' 이란 딱지가 붙게 됐습니다. 50여 년이 흐른 2007년 9월 '진실 · 화해를 위한 과거사정리위원회' 는 "위협적인 정적(政敵)을 제거하려는 이승만 정권의 비인도적 인권유린이자 정치 탄압" 이라고 규정했습니다. 그리고 2011년 1월 20일 조봉암 사건 재심 재판에서는 대법관 전원 일치 의견으로 조봉암 선생에게 적용됐던 간첩죄와 국가변란죄에 대해 무죄가 선고됐습니다. 대법원장이 판결문을 읽어 내려갔습니다. "피고인 망(亡) 조봉암. 유죄 부분을 파기한다…… 이제 뒤늦게나마 잘못을 바로잡고……." 대법원장은 국가 변란 혐의에 대해서는 "진보당은 자유민주주의를 부정하거나 민주적 기본 질서를 위배했다고 볼 수 없고 국가 변란을 목적으로 결성됐다고 볼 수 없다"고 밝혔습니다. 간첩 혐의에 대해서도 "유일한 직접증거인 증인 양 모 씨의 진술은 육군 특무부대가 일반인을 영장 없이 연행해 수사하는 등 불법으로 확보해 믿기 어렵고 합리적인 의심 없이 증명됐다고 보기 어렵다"고 말했습니다.

를 통해 국민 통합에 이바지하기 위해 만들어진 국가 기관.

• 재심: 판결 확정 후 법원이 인정한 사실 관계에 중대한 오류가 있을 때 당사자 등의 청구에 따라 그 판결의 옳고 그름을 다시 판단하는 것.

• 재일본조선인총연합회(조총련): 일본에 거주하면서 조선민주주의인민공화국(북한)에 강한 소속감을 갖는 재일 조선인의 조직.

• 제5열: 진격해 오는 정규군에 호응하여, 적국 내에서 각종 모략 활동을 하는 조직적인 무력 집단, 또는 그 집단의 구성 요원.

• 제헌 의원: 제헌국회의 의원을 지낸 사람. 제헌국회는 대한민국의 제1대 국회로서 그 회기는 1948년 5월 31일부터 동년 12월 18일까지 총 203일간임.

우리는 판사들이 가진 권위에 대해 직접 점검해 보고 이 지위에 어떤 변화를 줄 것인가 또는 이 지위를 그대로 유지할 것인가, 아니면 제거할 것인가도 결정해야 합니다. 여러분의 결정을 돕기 위한 다음의 내용을 참고하세요.

1. 법관의 직책에 대한 설명

2. 조봉암 재판에 관련된 읽기 자료 10가지

3. 법관의 지위를 평가하고 개선하기 위한 제안을 도와줄 분석표

[법관의 직책에 대한 설명]

법관의 의무: 법관은 다음과 같은 의무를 충실히 이행해야 한다.

- 국가 권력의 전횡을 예방하고, 국민의 자유를 보장한다.

- 법관은 헌법과 법률에 의하여 그 양심에 따라 독립하여 심판하여야 한다.

- 사실의 인정은 증거에 의하여야 한다.

- 범죄 사실의 인정은 합리적인 의심이 없는 정도의 증명에 이르러야 한다.

- 누구든지 유죄 판결을 받기 전까지는 무죄의 상태라고 판단해야 한다(무죄 추정의 원칙).

- 재판의 심리와 판결은 공개한다.

- 상급자가 자기 또는 타인의 부당한 이익을 위하여 공정한 직무 수행을 현저하게 해치는 지시를 하였을 때에는 그 지시에 따르지 말아야 한다.

- 피고인의 자백이 고문, 폭행, 협박, 신체 구속의 부당한 장기화 또

는 기망, 기타의 방법으로 임의로 진술한 것이 아니라고 의심할 만한 이유가 있는 때에는 이를 유죄의 증거로 하지 못한다.

법관의 특권: 법관은 다음과 같은 특권을 받을 자격이 주어진다.

- 법원에 소속된 법관에게만 사법권이 주어진다.
- 법관의 자유 판단에 의해 증거의 증명력을 부여한다.
- 징계처분에 의하지 아니하고는 정직·감봉 기타 불리한 처분을 받지 않는다.
- 법관은 탄핵 또는 금고 이상의 형의 선고에 의하지 아니하고는 파면되지 않는다.

법관의 제한: 법관은 다음과 같은 제한 속에서 업무를 수행해야 한다.

- 적법한 절차에 따르지 아니하고 수집한 증거는 증거로 할 수 없다.
- 정치인이나 정당 등으로부터 부당한 직무 수행을 강요받거나 청탁을 받은 경우에는 소속 기관의 장에게 보고하여야 한다.
- 자신의 직위를 직접 이용하여 부당한 이익을 얻거나 타인이 부당한 이익을 얻도록 해서는 안 된다.
- 직무 관련자로부터 금전, 부동산, 선물 또는 향응(이하 "금품 등"이라 한다)을 받아서는 안 된다.
- 직무 관련자나 직무 관련 공무원에게 경조사를 알려서는 안 된다.
- 직무를 수행할 때 지연·혈연·학연·종교 등을 이유로 특정인에게 특혜를 주거나 특정인을 차별하여서는 안 된다.

다음에 주어지는 10가지의 읽기 자료를 읽고 122쪽의 분석표를 완성합시다. 그리고 재판관(판사)의 권력 지위(권위)의 한계와 범위에 대해 토론해 봅시다. 마지막으로 이 지위에 어떤 변화를 줄 것인가 또는 그대로 유지할 것인가, 아니면 제거할 것인가를 결정해야 합니다.

[자료 1]

조봉암의 생애: 일제 치하 독립운동가 활약… 농림부 장관 농지개혁 기틀

'일제 강점기하에서 독립운동가로서 조국의 독립을 위하여 투쟁하였고, 광복 이후 조선공산당을 탈당하고 대한민국 건국에 참여하여 제헌국회 국회의원, 제2대 국회의원과 국회 부의장 등을 역임하였으며, 1952년과 1956년 제2·3대 대통령 선거에 출마하기도 하였다. 또한 초대 농림부 장관으로 재직하면서 농지개혁의 기틀을 마련하여 우리나라 경제체제의 기반을 다진 정치인이었다.' 대법원 전원합의체가 2011년 1월 20일 '진보당 사건' 재심사건 피고인(조봉암)에게 형을 선고하기에 앞서 그 정상을 살펴본다면서 적시한 죽산 조봉암(1899~1959) 선생의 이력이다. 이것만 보면, 죽산은 정부로부터 훈장을 받았어도 여러 개 받았을 법하다. 그러나 죽산은 지금껏 '간첩'이었다. 인천 강화도에서 태어난 죽산은 스무 살의 젊은 나이에 1919년 3·1운동을 맞았다. 이때부터 여러 차례 일제하 수감 생활을 했다. 일본으로 건너가 유학 중 유학생 최초의 사회주의 단체인 '흑도회'를 조직했다. 항일을 위해서였다. 중국과 러시아를 오가며 공산주의 노선 아래 독립 투쟁을 계속했다. 1932년 상하이에서 일본 경찰에 체포되어 신의주에서 혹독한 수감 생활을 했다. 고문으로 인해 손가락 7마디가 잘렸다. 죽산은 해방 당일(1945년 8월 15일) 밤에 인천보안대를, 그 이튿날엔 인천 건국준비위원회를 조직했다. 그리고 1946년, 독립운동의 방편으로 여겼던 공산당과 결별했다. 제헌 의원으로서 '민족자

결'과 '균등 사회 구현'을 헌법 정신에 포함시켰다. 초대 농림부 장관을 하면서는 농지개혁은 물론이고, 농업협동조합과 농민신문 등 당시로서는 혁신적인 프로그램을 도입했다. 전쟁이 났을 때는 국회의 중요 서류를 안전한 곳으로 옮기느라 가족도 돌보지 못했다. 이 때문에 부인이 납북됐다. 북한군이 서울에 들이닥쳤을 때는 죽산이 '제1표적'이었다. 부산이 언제 함락당할지 모를 절체절명의 국란 속에서도 이승만 정권은 부패했고, 무능했다. 전쟁 직후 역시 마찬가지였다. 죽산이 두 번의 대통령 선거에 나선 이유다. 여기서 당시 이승만 정권은 국민의 절대적 지지를 받는 '죽산의 힘'을 확인했다. 이게 독수(毒手)를 뻗치게 하는 결정적 계기가 됐다. 죽산은 굳이 벗어나려 하지 않았다. 정권의 악랄함을 알았기 때문이다. 정권은

간첩으로 몰려 사형당한 '비운의 정치인' 죽산 조봉암 선생의 생전 법정 모습.

'술 한 잔과 담배 한 개비를 달라'는 형장에서의 마지막 바람도 거부했다. 1959년 7월 31일, 향년 61세였다. 기나긴 암흑의 터널을 52년이나 걸어야 했다. 2011년, 죽산은 드디어 햇빛을 쐤다.

참고: 〈조봉암은 누구인가〉, 《경인일보》, 2011. 01. 24.

제3대 대통령 후보로 출마한 조봉암

제3대 대통령 선거가 1956년 5월 15일에 시행되었다. 당시의 언론, 통신의 한계와 이승만 정권의 탄압으로 조봉암은 선거운동을 제대로 진행할 수 없었다. 그러나 각 신문 지상을 통해 발표된 그의 정견은 많은 대중의 지지를 이끌어 냈고 이것이 대통령 선거에 큰 영향을 끼쳤다. 진보당의 선거 유세반이 전국 각지에서 조직적인 선거운동 방해 공작에 부딪혀 이렇다 할 활동도 하지 못한 채 5월 15일 선거는 예정대로 진행되었다. 아울러 투·개표 과정에서 관권의 개입을 통한 철저한 부정선거가 저질러졌다. 부산시 중구는 진보당 측 참관인이 경찰에 연행된 후 이승만의 1만 표가 조봉암의 3만 표와 뒤바뀌기도 했다. 당시 내무부 장관이던 최인규는 훗날 자신의 회고록에서 강원도에서 나온 이승만에 대한 90퍼센트의 지지는 엄청난 조작이었으며, 그 외에도 수많은 조작과 부정이 이루어졌다고 주장하였다.

참고: 박태균,《조봉암 연구》, 창작과 비평사, 1995.

진보당 사건의 개요

진보당은 1956년 11월 10일, 조봉암을 중심으로 한 진보 세력이 조직한 혁신정당을 말한다. 이 정당의 정강은 '책임 있는 혁신 정치', '수탈 없는 계획경제', '민주적 평화통일'이었다. 진보당 사건은 1958년 1월 12일 진보당 간사장 윤길중 등 5명의 간부가 경찰에 검거되고, 이어 15일에는 조직부장 김기철 등 4명의 간부가 추가 구속됨으로써 확대되었다. 사전에 피신했던 조봉암은 간부진이 모두 구속되자 자진 출두했다. 검찰은 2월 16일 진보당 간부들을 기소했는데 조봉암은 간첩죄, 국가보안법 위반 및 무기 불법 소지, 윤길중은 국가보안법 위반 및 간첩 방조, 그 외 간부들은 국가보안법 위반 혐의였다.

[검찰의 기소 내용] 검찰은 기소장에서 조봉암에 대해 다음과 같이 열거했다.

① 체포된 남파 간첩 박정호 등과의 접선

② 재일본조선인총연합회(조총련)에서 파견한 정우갑과의 밀회

③ 북한의 조국통일구국투쟁위원회 김약수에게 밀사를 보내 평화통일 추진을 협의한 사실

④ 북한 노동당이 동양통신 외신기자이자 진보당 비밀 당원인 정대영을 통해 진보당에 대한 강평서를 보낸 사실

이어서 검찰은 진보당에 대해서는 다음과 같이 열거했다.

① 진보당의 평화통일론이 대한민국의 존립을 부인하는 것

② 진보당의 정강 정책이 북한 노동당의 정책과 상통하는 내용으로 대한

민국의 헌법을 위반한 불법 단체

기소 직후 2월 20일 육군 특무부대는 양이섭 사건(梁利涉事件)을 발표하여 조봉암이 양이섭과 접선하면서 공작금을 받았고, 북한의 지령에 따라 여러 가지 간첩 행위를 했다고 밝혔다. 또한 2월 25일 공보실장 오재경은 진보당의 평화통일론, 북한 간첩과의 접선, 당원을 국회에 진출시켜 대한민국을 파괴하려는 기도 등을 이유로 들어 재판도 열리기 전에 진보당의 등록을 취소했다.

[제1심 재판] 그러나 1958년 7월 2일의 제1심 선고 공판(재판장 유병진)에서 조봉암·양이섭에게 국가보안법 위반죄를 적용, 징역 5년을 선고하고 그 밖의 진보당 간부들에게는 무죄를 선고하자 반공청년단을 자처하는 정치 깡패 일당이 법원 청사에 난입하여 "친공판사 유병진을 타도하라", "조봉암을 간첩 혐의로 처벌하라"고 외치며 난동을 부려 사법사상 최초의 재판 파동을 일으키기도 했다.

[제2심 재판] 제2심은 1958년 9월 4일부터 10월 25일까지 열렸는데 양이섭은 자신의 진술을 번복해 자신과 조봉암의 간첩 혐의는 조봉암을 제거하기 위한 육군 특무부대의 협박과 회유에 의한 허위 자백이었다고 진술했다. 그러나 재판부는 양이섭의 진술 번복을 무시했고 번복에 따른 증거 조사도 채택하지 않았다.

[제3심 재판] 마침내 1959년 2월 27일의 대법원 판결에서 조봉암은 간첩, 국가보안법 위반, 무기 불법 소지 등이 유죄로 인정되어 사형이 선고되었고 대부분 간부는 무죄가 선고되었다.

[재심 청구 기각] 그 후 1959년 5월 5일 조봉암의 변호인단은 재심을 청구했으나 기각되었고 딸의 애절한 구명 운동도 보람이 없었다. 7월 16일 조봉암은 옥중성명을 내고 "나는 비록 법 앞에 죽음의 몸이 되었다고 해도 나의 조국 대한민국에 대한 충성은 스스로 의심할 수 없다는 것을 밝힙니다……. 과거의 우리 동지들은 현실의 포로가 되지 말고 우리의 이념을 살리기 위해 노력하시기를 바랍니다"라고 자신의 심경을 밝히고 7월 31일 교수대에서 숨을 거두었다.

[자료 4]

주한 외교관이 미국 국무부에 보낸 1958년 1월 13일자 문서

"체포가 예상됐던 진보당 지도자 조봉암은 표면상으로는 아직 체포되지 않았지만 1월 11일 이후로 실종되었다. (중략) 이 체포는 행정부가 진보당과 민주혁신당을 매도하고 5월 선거에서의 그들의 노력을 방해하려는 시도를 반영한다. 통상적으로 신뢰할 만한 정보원의 '진실(probably true)'로 분류된 보고서에는 '1월 초에 이승만 대통령이 조봉암과 4~5명의 동료를 체포하고 진보당을 금지하고 해산하는 내

용의 계획을 승인했다'고 언급되어 있다. (중략) 이 지도자들의 체포는 진보당과 민주혁신당의 평판을 나쁘게 하고 그 당들이 올해 5월로 예정된 국회의원 선거운동에서 좌절하게 하려는 정부 활동의 첫 단계다."

참고: 서울(Weil)발 국무부 수신전문, 1958. 01. 13.

[자료 5]

1958년 1월 14일 국무회의록

내무부장관: "조봉암 이외 6명의 진보당 간부를 검거하여 조사 중인바, 그들은 대한민국의 주권을 무시하는 남북협상의 평화통일을 지향할 이번 봄 선거에 전기 노선을 지지하는 자를 당선시키기 위하여 제5열과 접선 준동하고 있는 것이며 전기 정당이 불법단체냐 여부에 대하여는 조사 결과에 의하여 판정될 것"이라고 대통령에게 보고.

이승만 대통령: "조봉암은 벌써 조치됐어야 할 인물이며 이런 사건은 조사가 완료될 때까지 외부에 발표하지 말아야 할 것이다."

참고: 제4회 국무회의,《비망록》, 1958. 01. 14.

[자료 6]

조봉암 사건 2심 판결 직후 국무회의록

법무부 장관: (진보당 사건 2심 공판에 관하여 보고한다.)

이승만 대통령: "법관들만이 무제한의 자유가 허용된다는 것은 이해할 수 없는 일이다"고 하며 "이러한 판사들을 처리하는 방법은 없는가"라고 질문.

법무부 장관: "법관 징계위원회가 있어

도 법관들끼리 하는 것이니 소용이 없고 임기 만료자를 그때에 정리하는 도리밖에 없는바, 금일 임기 만료된 법관 중에 대법원이 제청하지 않는 자 외에 몇 명 부적당한 자가 있어 연임을 명하기 전에 조사하고 있으며 진보당 사건 1심 판결의 책임 판사도 이번 임기 만료자 중에 들어 있다"고 보고.

이승만 대통령: "조봉암 사건 1심 판결은 말도 안 된다. 그때에 판사를 처단하려 하였으나 여러 가지 점을 생각하여서 중지하였다. 같은 법을 갖고도 한 나라 사람이 판이한 판결을 내리게 되면 국민이 이해가 안 갈 것이고 나부터라도 물어보고 싶은 생각이 있다. 헌법을 고쳐서라도 이런 일이 없도록 엄정하여야 한다"

참고: 제98회 국무회의, 《비망록》, 1958. 10. 28.

[자료 7]

조봉암 사건 1심 재판장 인터뷰 내용

차기 대통령 선거에서 조봉암 씨를 제거하기 위해 간첩으로 몰아댄다는 것은 누구나 상상할 수 있었을 것이며, 또 기록을 보면 무엇 때문에 조씨를 간첩이라고 하는가를 엿볼 수가 있다. 내가 선고한 5년 형이라는 것도 마음이 아픈 판결이었음을 당시나 지금이나 장래까지도 잊을 수 없을 것이다. (중략) 양명산이 조봉암 씨에게 주었다는 돈은 아무리 증거를 살피어 보더라도 이북 괴뢰(북한)가 보내온 것이라고 인정할 수 없었다.

일전에 서울 형무소에서 진보당 사건의 담당 검사였던 조인구 씨를 만났을 때 조 검사는 나에게 "그때(진보당 1심 판결 때) 좋은 판결을 하여 주었다"고 말하는 것으로 보아 조 검사 역시 그 기소가 무리였다는 것을 알고 있는 듯하였다.

참고: 《법정신문》, 1960. 06. 10.

[자료 8]

조봉암 사건 2심 주심 판사 회고 내용

[당시 한국일보 기자였던 남재희 씨와의 간담 내용]

김갑수(당시 고등법원 주심 판사) 회고록에 따르면 다시 대법원에서 사형을 판결해 위로 올라가면 이승만 박사가 감형할 줄 알았다고 하더라. (웃음) 그 판사는 이북에서 넘어왔다고 한다. 신분이 불안정한 사람이 주심을 맡게 되었고 정권에 밉보였던 죽산에게 사형을 선고한 것이다.

참고: 〈죽산 죽음과 미국 연관성 연구돼야〉, 《레디앙》, 2011. 02. 05.

[자료 9]

조봉암 사건에 연루되어 재판을 받은 진보당 간부들의 법정 진술 내용

엄동설한에 붙들려 간 진보당 간부들이 훗날 법정에서 진술한 바에 의하면 물고문, 몽둥이찜질, 밥을 며칠씩 굶기는 고문, 500와트짜리 전등을 켜 놓고 사나흘씩 의자에 앉힌 채 잠을 못 자게 하는 고문을 당했다고 한다. 특히 국회의원이었던 김달호 씨는 태도가 거만하다는 이유로, 전신 나체로 만들어 몽둥이찜질을 당했다고 주장한다. 그들이 한결같이 강요당한 자백의 내용은, "조(봉암)는 국가 방침으로 치게 되었으니 그가 공산당원이라고 말만 하면 석방해 주겠다"는 것과 '평화통일'이란 진보당의 구호가 "당원들의 반대에도 불구하고 오로지 조(봉암) 위원장의 고집으로 채택되었다"고 말하라는 것이었다고 그들은 주장했다. 수사관들은 전세룡, 조규택 씨 등을 밤중에 한강으로 끌고 가 권총을 들이대며 죽인다고 위협을 했고 진보당 간부들은 물속에 처박히는 고문을 받았다고 주장했다. 그러나 그들은 한사코 허위의 자백을 하지는 않았다고 한다.

참고: 〈죽산 조봉암의 죽음〉, 《신동아》, 1965년 8월호.

조봉암 무죄판결(2011년 1월 20일)에 대한 언론 보도 내용

죽산 조봉암, 52년 만에 간첩 혐의 무죄

대법원이 1959년 간첩으로 몰려 사형당한 죽산 조봉암 선생의 재심에서 무죄를 선고한 것은 뒤늦었지만 당시의 사형선고와 집행이 정치 탄압에서 비롯된 '사법 살인'이었음을 고백한 것으로 볼 수 있다.

불법적인 군 당국의 수사와 입증되지 않은 공소사실에 근거해 사형을 선고한 대법원의 '어두운 과거'를 손수 바로잡겠다는 의지가 반영된 것으로, 이용훈 대법원장이 취임 후 수년간 주도해 온 사법부의 과거사 청산이 정점에 도달했다는 평가다.

사형선고 당시 조봉암 선생에 덧씌워져 유죄가 인정된 혐의는 크게 세 가지로 ▲국가를 변란할 목적으로 진보당을 구성해 중앙위원장에 취임하고(국가보안법 위반) ▲육군 첩보부대(HID) 공작 요원을 통해 북한에서 금품을 받고 남한 정보를 제공했으며(형법상 간첩죄) ▲당국의 허가 없이 권총과 실탄을 소지했다(군정법령 위반)는 것이다.

대법원은 이 가운데 무기 소지 혐의에 대해서만 유죄를 인정해 형을 선고유예했을 뿐, 사형으로 이어진 국가보안법 위반과 간첩 등 두 가지 주요 혐의에는 모두 무죄를 선고했다.

진보당을 국가 변란을 목적으로 한 단체라고 볼 수 없고, 조 선생의 간첩 혐의를 입증할 수 있는 증거가 군부대의 영장 없는 체포와 불법감금을 통해 얻어진 증인의 진술밖에 없어 믿을 수 없다는 게 무죄 판단의 근거다.

이 대법원장은 판결을 선고하면서 "조봉암 선생은 독립운동가로서 건국에 참여했고 국회의원, 국회 부의장, 농림부 장관으로 재직하며 우리 경제체제의 기반을 다진 정치인임에도 잘못된 판결로 사형이 집행됐다. 재심 판결로 뒤늦게나마 그 잘못을 바로잡는다"며 우회적으로 반성의 뜻을 밝혔다.

참고: 〈조봉암 무죄판결 '사법 살인'의 자기 고백〉, 《연합뉴스》, 2011. 01. 21.

앞에서 제시된 10가지의 읽기 자료를 읽고 다음의 질문에 답해 보세요. 이 질문들에 대한 답변은 다음 쪽의 분석표를 작성하는 데 큰 도움이 될 것입니다.

1. [자료 3]에서 2심 재판부는 '범죄 사실의 인정은 합리적인 의심이 없는 정도의 증명에 이르러야 한다'는 법관의 의무를 다하였나요? 예를 들어 설명해 보세요.

2. [자료 3]에서 진보당 사건 재판 진행 과정에서 법관이 양심에 따라 자유롭게 재판하지 못하도록 압력을 가했다고 볼 수 있는 근거는 무엇인가요? 예를 들어 설명해 보세요.

3. [자료 9, 10]에서 '적법한 절차에 따르지 아니하고 수집한 증거는 증거로 할 수 없다'는 법관의 의무를 위협하는 사례는 무엇이 있나요?

4. 위의 읽기 자료들에서 '법관은 정치인이나 정당 등으로부터 부당한 직무 수행을 강요받거나 청탁을 받았을 때 이를 거부해야 한다'는 의무를 다하지 못할 만한 경우가 있었나요? 그 근거는 무엇인가요?

5. 위의 읽기 자료들에서 '무죄 추정의 원칙'이 무시된 사례를 찾아 써 보세요.

6. [자료 5]의 국무회의록에 의하면 이승만 대통령은 조봉암에 대하여 "조봉암은 벌써 조치됐어야 할 인물이며"라고 표현했습니다. 이는 법관의 어떤 의무를 침해할 위험이 있는 발언인가요?

7. [자료 6]의 국무회의록에 의하면 이승만 대통령이 다음과 같이 말했습니다. "조봉암 사건 1심 판결은 말도 안 된다. 그때에 판사를 처단하려 하였으나 여러 가지 점을 생각하여서 중지하였다. (중략) 헌법을 고쳐서라도 이런 일이 없도록 엄정하여야 한다." 이와 같은 언급은 법관의 재판에 영향을 끼쳤다고 볼 수 있나요? 여러분 답변의 근거는 무엇인가요?

8. [자료 8]에서 당시의 김갑수 고등법원 주심 판사는 "대법원에서 사형을 판결해 위로 올라가면 이승만 박사(대통령)가 감형할 줄 알았다"고 말했습니다. 그 당시 법관들은 정치권력으로부터 독립하여 자유롭게 재판할 수 있었는지 설명해 보세요. 그 이유는 무엇인가요?

권력의 위치에 있는 한 사람(경찰관, 시의원, 또는 시장 등)을 여러분의 학급에 초청해 보세요. 그에게 자신의 지위에 따른 의무, 힘, 특권, 권력의 제한 등에 대해 설명하고 평가하도록 부탁해 봅니다.

권력과 지위를 평가하기 위한 분석표

질문	대답
1. 어떤 권력의 지위가 평가될 것입니까?	
2. 그 지위의 목적은 무엇입니까?	
3. 그 지위는 필수적입니까? 이유는?	
4. 그 지위의 의무, 힘, 특권, 지위의 제한 (한계)은 무엇인가요?	▶ 의무: ▶ 힘: ▶ 특권: ▶ 한계:
5. 이 지위가 구성될 때 그 지위가 중요한 이유는 무엇이었나요?	
6. 그 지위가 구성된 방법에는 어떤 문제점은 있었나요? (만약 문제점이 있다면) 문제점에 대해 생각해 봅시다. • 의무 • 제한 • 책임	

• 권력 악용 방지를 위한 제어 장치들 • 공정한 절차	
7. 그 지위를 개선하기 위해서 어떤 변화를 제안할 것입니까? 이 변화로 얻어지는 이익과 비용은 무엇입니까?	
8. 그 지위는 없어져야 한다고 생각합니까? 아니면, 그 상태 그대로 유지되어야 합니까? 혹은 변화되어야 합니까? 그 이유를 설명해 봅시다.	

권력의 행사는 신중하게……

12. 권력의 위치는 어떻게 디자인 할 수 있나요?

핵심용어 알·아·두·기

- **가상의:** 가정에 근거한 상황.

- **조직:** 특정한 목적을 달성하기 위하여 여러 개체나 요소를 모아 체계 있는 집단을 이룸.

- **권위주의:** 위계질서와 지배·복종의 관계를 중시하는 사고 방식 또는 행동 양식.

- **교정적 정의:** 자유의사에 반하는 권리 등의 위반이나 침해에 대해서 원상태로 회복시킬 것을 요구하고 공정하게 대응한다는 의미.

- **군중심리:** 여러 사람들이 집단으로 모였을 때 개별 주체의 일상적인 사고와 다르거나 혹은 같더라도 그 범위를 뛰어넘는 행동을 하게 되는 심리 상태.

학·습·길·잡·이

앞에서 배웠던 내용을 활용하여 권력 기구 구성과 그 한계를 결정하기 위해서는 어떻게 해야 하는가를 배웁니다. 의무와 힘, 특권, 권력을 제한하는 방법에 대해 알아봅시다.

생각 넓히기 　**학생 자치 기구 구성하기**

　다음 글을 읽고 학생 자치 기구 구성의 필요성과 기구를 조직할 때 고려해야 할 사항은 무엇인지에 대해 토론합니다.

124

요즘 학생들은 교사가 무조건 관대한 것에 만족하지 않는다. 학생들은 선생님이 공정할 것을 요구한다. 규칙을 어긴 아이, 그리고 그 규칙을 어겨서 받는 벌 청소를 빼먹고 도망간 친구들이 제대로 처벌받지 않는다면 공정하지 않다고 생각한다. 교실에서 선생님에게 욕설하거나 급우에게 폭력을 행사한 학생을 포함해 공동체가 유지되는 데 필요한 규범을 위반한 경우 제재가 가해지지 않으면 교실은 혼란 상태가 된다. 그래서 교사는 옳고 그름의 심판자이자 정의를 위한 벌의 집행자이기도 하다. 발생 가능한 모든 혼란을 잠재워야 하는 책임이 교사의 어깨 위에 있고, 과거와 달리 실오라기만 남은 교사의 권위로 이를 감당하기 어려운 것이 지금의 현실이다. 또 한편으로 학생은 자신의 옷차림이나 머리 모양에 대해 과도한 통제를 받고 있다고 생각하고 이로부터 자유롭기를 원한다. 스타일을 중시하는 요즘 학생에게 검은색 실내화 주머니를 들고 다니라고 하는 것은 고통에 가깝다. 이렇게 학생들은 자신을 표현할 수 있는 자유를 원하고, 또 혹시나 있을 수 있는 교사나 다른 학생의 자의적 폭력에서 자유롭기를 원한다. 학생인권 조례는 전자의 자유를 위한 것이지만 후자의 자유에 대한 대책으로서는 일정한 한계를 지녔다.

온 사회가 하나의 병영 같았던 과거 1970~1980년대 권위주의적 사회에서 '교육적 체벌'이라는 이름으로 행해진 교사들의 자의적 폭력에 대한 크고 작은 악몽을 가진 사람이 의외로 참 많다. 그것이 학창 시절 단 한 번 일어난 일이라 하더라도 그 기억은 평생을 가는 상처가 된다.

오늘날도 과거만큼은 아니어도 과도한 체벌로 인한 문제가 끝난 것이 아니다. 체벌 금지를 담은 인권 조례가 해결하려는 학교 안 인권침해의 전통적인 모습이다. 그러나 학교 안 인권침해는 학생에 의해 일어나기도 한다. 거친 소수 학생이 일으키는 다른 학생에 대한 폭행·갈취 등의 문제가 이전보다 많아졌고, 과거에는 찾아볼 수 없었지만 학생이 교사에게 욕설을 퍼붓거나 폭력을 휘두르는 문제가 나타나고 있다. 학생들이 밥맛이 없다고 학

교 식당 아주머니에게 욕설을 퍼붓는 사례도 발생하고 있다. (중략)

교사들이 생활지도의 어려움을 호소하는 것은 단지 소수의 거친 학생들에게만 국한되는 것은 아니다. 먹다 남은 음료수 캔이며 빵 봉지가 그대로 복도에 버려지는 경우가 많다. 복도를 돌아다니며 끊임없이 쓰레기를 줍는 청소 아주머니가 없다면 학교 모습이 유지되기 어려울 정도다. 교실에 침을 뱉는 행위는 거의 무의식에 가깝다. 이런 행위를 하는 데 친구들을 의식하지 않는다. 수업을 방해하는 의도적인 행위를 하는 것도 선생님에게 혼나지 않으면 그뿐, 다른 친구에게 미안하거나 부끄럽다는 생각은 하지 못한다. 이런 행위가 싫은 학생들은 교사가 강력한 권위로 질서를 잡아 달라고 요구한다. 학생들이 문제 해결을 위해 외부의 권위에만 의존하게 되는 것이다.

모든 학생이 학교라는 공동체에서 규범이 어떤 의미가 있는지 내면화하는 경험을 하지 못한다. 규범의 내면화는 단순히 '착하게 살자'는 덕목을 되풀이해 암기하는 것으로 이뤄지지 않는다. 아이들의 욕구대로만 모든 것이 움직이는 모습도 교육적으로 바람직하다 할 수 없지만, 아이들의 욕구와 참여를 무시한 채 만들어지는 학교 규칙은 학생이 스스로 정당성을 부여하지 못함으로써 규범의 권위를 갖지 못한다. '체벌'이라는 수단에 더는 의지하지 않으려면 교정적 정의를 실현할 새로운 제도적 장치를 마련하는 것과 함께 학생 참여를 통해 집단 규범을 형성함으로써 교사와 책임을 분담하는 방법을 도입할 필요가 있다.

현재 운영되는 몇몇 대안학교의 사례는 이에 시사하는 바가 크다. 한 대안학교는 학교 규칙을 비롯해 학교 행사 운영에도 학생의 의견이 적극적으로 반영되기 때문에 학생들이 진지하게 회의에 참여하고 소속감도 높다. 자신이 속한 공동체에서 자신이 존중받고 있다는 느낌을 받지 못하면 공동체에 애정을 갖기 어렵다. 공동체에 애정을 갖게 되면 그 공동체를 지키려는 마음이 생겨나고 함께 만든 규범을 지켜야 한다는 의식을 갖게 된다. 교실이 통제와 군중심리가 지배하는 공간이 아니라 이렇게 토론과 합의의 공동체가 되려면 학급당 학생 수도 대폭 줄여 나가야 한다.

모든 학교에서 자신에게 적용될 규칙에 대해 학생들의 공론을 모아 보자. 그들의 인권을 존중한다면 학생인권 조례와 관련해 학급마다 지금 현재 논의되는 찬반 입장까지 포함해 토론해 보게 하고, 그런 뒤 형성된 의견을 모으는 것이 필요하다. 그 토론이 형식적인 학교 행사가 아니라 자신들의 일상에 큰 영향을 끼칠 진정한 토론이라는 것을 알게 된다면 학생들은 아주 진지해질 것이다. "너희에게 적용될 법을 만드는 데 너희가 실제적 영향력을 행사하게 될 것"이라며 이제껏 그들에게 허용되지 않던 권리와 책임을 줘 보자. 교육청이 교칙의 방향과 절차를 담은 가이드라인을 정하고 각 학교가 학생과 교사, 그리고 학부모가 모여 모두가 받아들일 수 있는 학교 규범을 만든다면, 교사 혹은 행정 당국이 일방적으로 정하는 규칙보다 집단 규범으로서 힘을 가지게 될 것이다.

참고: 〈교칙을 학생과 함께 만들어 보자〉, 《한겨레21》, 2010. 08. 06.

학생 자치 기구의 지시 사항

각 모둠은 윗글을 읽고 현 학교에서의 학생 생활에 관한 다양한 문제점을 토론합니다. 또한 이러한 제반 문제에 대한 해결책을 모색하는 새로운 학생 자치 기구를 어떻게 구성할 것인가를 토론합니다. 각 모둠별로 이 논의를 이끌 대표와 기록자를 뽑으세요. 자치기구 구성은 129쪽의 표를 이용합니다.

이 표를 완성하고 여러분이 만든 학생 자치 위원회에 대한 설명을 준비합니다. 대표는 여러분의 기획을 학급의 나머지 학생들에게 발표합니다. 발표는 다음의 내용을 포함해야 합니다.

• 학생 자치 기구의 목적 설명

• 자치 기구의 의무, 힘, 특전, 한계

• 학생 자치 기구가 조직된 이후 예상되는 결과

각 모둠의 발표가 끝난 후 여러분은 각 모둠에서 제안된 모둠별 기구의 강점과 단점을 토론하고 학급의 새로운 자치 위원회를 위한, 합의된 하나의 의견을 도출합니다.

생활에 적용하기

여러분이 살고 있는 지역의 문제들은 무엇이 있는지 알아보고 그 문제 해결을 위해 새로운 권력 기구가 필요한지 생각해 보세요. 권력 기구가 필요하다면 어떤 방법으로 구성해야 하는지 이 장에서 배운 내용을 활용해 보세요.

학생 자치 기구 구성을 위한 도구표

질문	대답
1. 글에서 밝힌 내용을 중심으로 어떤 문제를 해결해야 하는지 정리합니다.	
2. 새로운 권력 기구를 구성하는 것이 문제 해결에 도움이 될 것인가, 아니면 이 문제를 해결할 더 나은 방법이 있는가? 여러분의 입장을 설명해 봅시다.	
3. 여러분이 제안하는 권력 기구는 어떤 형태입니까? • 하나 또는 그 이상의 지위 • 개인 또는 위원회 • 선출 또는 임명 그 형태를 선택한 이유를 설명해 봅시다.	
4. 기구는 어떤 의무, 힘, 특권이 있고 권력을 제한하는 방법은 무엇입니까? • 의무의 종류 • 권한과 힘 또는 특권 • 책임 • 권력 남용 방지 장치 또는 권력 제한 방법	
5. 기구 구성으로 얻는 결과는 무엇입니까? 여러분이 구성한 기구로 인해 치러야 하는 비용과 얻게 될 이익을 생각해 봅시다.	

129

**13. 권력에 대한
도전은 무엇으로
제한할 수 있나요?**

권력에 도전하는 것의 한계는 무엇인지 생각해 봅니다. 여러분은 우리나라와 다른 나라의 시민 불복종 운동 사례를 살펴보고 권력에 저항하는 것의 정당성은 어디서 나오는 것이며 그것을 제한할 수 있는 방법은 무엇인지 알아봅니다.

시민 불복종의 다양한 방법

여러분은 권력 조직이 잘못 구성되었을 때 또는 한 개인이 권력을 쥐고 횡포를 부릴 때 어떤 일이 발생할 수 있는가를 보았습니다. 헌법의 틀을 만드는 사람들은 권력 제한의 중요성을 이해합니다. 그것은 바로 헌법이 견제와 균형의 원리를 따르고 힘의 분배 원리를 만들어 낸 이유입니다.

헌법은 다수결의 원칙에 기초하고 있습니다. 그러나 동시에 개인과 소수의 권리를 보호하고 있습니다. 헌법은 정부의 결정에 동의하지 않는 사람들과 그 결정에 저항하고 바꾸려는 사람들을 인정합니다. 다음은 자신의 의견을 표현할 수 있는 방법입니다.

- 투표
- 공공 기관이나 대중매체에 편지 쓰기
- 탄원서에 서명하기
- 정치 기관이나 시민 단체 활동하기
- 민주 시위에서 행진하기
- 불매운동에 참가하기

이러한 저항 방법이 충분치 않다면 무슨 일이 벌어질까요? 만약 여러분이 법을 지지하는 것이 자신의 도덕관념이나 종교적 신념에 어긋나는 일이라면 어떨까요? 또 법을 바꾸기 위한 여러분의 모든 법적인 노력이 실패한다면 여러분은 어떤 선택을 할 수 있을까요? 한 개인이 권력에 도전하는 길은 얼마나 험난한가요?

이것은 매우 어려운 질문입니다. 수백 년 동안 철학자들과 학자들은 그 해답을 찾으려고 노력했습니다. 역사를 통틀어 사람들은 그들이 부당하거나 도덕적으로 옳지 않다고 믿는 법에 따르는 것을 거부했고 그 행동의 대가로 인한 어떠한 가혹한 고난이라도 달게 받았습니다. 어떤 이들은 혁명에 가담하기도 했습니다.

시민 불복종은 비폭력 저항운동의 한 형태입니다. 이것은 법이나 정책에 변화를 가져오는 역할을 했습니다. 시민 불복종은 헌법을 받아들이는 것을 포함합니다. 시민 불복종에 대해 이야기할 때 우리는 그저 간단히 법을 어기는 것을 말하고 있는 것이 아닙니다. 우리가 부당하다고 믿는 정책이나 법에 대한 신중한 저항을 이야기 하고 있는 것입니다. 이러한 저항은 다양한 형태를 취합니다. 그것은 다음과 같은 행동을 하는 결정을 내리는 것입니다.

- 조세 거부
- 입대 영장 불태우기
- 원자력 발전소에 인간 고리 연결하기

시민 불복종은 우리 역사에서도 적지 않게 볼 수 있습니다. 잘못된 제도에 저항하기 위해 법을 인정하는 것을 거부했고 그들이 비윤리적이라 믿는 제도의 하나인 감옥에 가기를 선택했습니다. 그들은 정부의 권력보다 그들의 도덕률과 도덕원리를 더 선호했습니다. 여성 참정권, 시민권, 반전시위 지도자들 역시 법을 따르는 것을 거부했습니다. 잘못됐다고 생각하는 법을 따르느니 차라리 감옥에 가기를 택했습니다.

마틴 루서 킹 목사는 그가 버밍햄 시 감옥에 갇혀 있을 때 쓴 편지에 다음과 같이 썼습니다. "나는 내 양심이 부당하다고 말하는 법을 어긴 자이기를 감수합니다. 그 부당함을 공동체의 양심이 자각하게 하려고 기꺼이 감옥에 머무는 처벌을 받아들입니다. 실제로 이것은 법에 대한 최고의 존중 표현입니다."

마틴 루서 킹.

시민 불복종은 다른 선택의 여지가 없을 때 하는 극단적 선택입니다. 이것은 적당한 선택인가요? 이 장에서 여러분은 권력에 도전하는 것의 한계에 대해 깊이 생각하게 될 것입니다. 여러분은 아마도 시민 불복종에 관여하는 일은 거의 없을 것입니다. 그러나 여러분이 자신의 신념이나 종교 원리에 부딪히는 법과 직면하게 될 때 다음의 활동은 신중한 판단을 내리는 데 많은 도움을 줄 것입니다. 또한 그것은 여러분에게 매우 어려운 문제를 다룰 수 있는 지혜를 제공해 줄 것입니다.

생각 넓히기 ① 다음에 제시된 글을 읽고 토론 내용 작성하기

《시민 불복종》 깊이 읽기

헨리 데이비드 소로.

　시간이 흘러도 세계는 근본적인 변화를 가져오지 않았다. 그래서 소로의 시민 불복종은 150년 넘게 지난 오늘날에도 빛난다. 아니, 오늘날 더욱 빛난다. 시간과 함께 더욱 교활해진 것은 정부이고 새로운 사회를 향한 긴장을 상실한 것은 시민이다. 소로의 시민 불복종은 성난 얼굴로 되돌아와 우리의 잠든 영혼을 흔들어 깨운다.

　21세기를 맞은 오늘날, 정부는 교활해진 만큼 더욱 강력한 물리력과 홍보력으로 무장하고 있으며 시민들은 대중매체의 은총을 흠뻑 입고 물신에 몸을 느긋하게 맡기면서 적당히 타락하고 있다. 그 위에 모든 사회 구성원들에 대한 장기간의 교육과정을 관리하게 된 정부는 이를 사회 구성원들의 의식을 통제하는 데 활용함으로써 몽테뉴의 친구인 에티엔 드 라보에티가 일찍이 지적한 바 있는 '자발적 복종'을 아주 쉽게 획득하고 있다. 왕정이 유지되는 것은 무엇보다 신민들의 자발적 복종에 있다는 16세기 혜안에 19세기의 소로는 시민 불복종으로 응수한 것인데 21세기의 시민들은 정부와 자본이 주입하는 의식화에 의해 스스로 소외의 길을 가고 있다. 그리고 그 소외의 길엔 자발적 복종과 비자발적 복종이 어우러져 있다.

소로가 단언했듯이 "돈이 많을수록 덕은 줄어든다. 돈이란 것이 사람과 그가 바라는 대상 사이에 끼어들어 그를 위해 그것을 손에 넣기 때문이다" 그래서 물신이 지배하는 사회에서 정의와 선이라는 덕목은 점차 오늘날 캠페인에 등장하는 나눔처럼 소시민의 교양을 장식해 주는 장식물이 될 운명에 처하고 자본주의적 심성으로 순화된 국민은 정부와 자본 앞에 자발적으로 복종하는 신민이 된다. 예언자들은 시인과 함께 사라지고 정치적 동물이기를 스스로 포기한 경제 동물들은 이제 무관심과 무지의 늪에서 배부른 돼지를 지향한다.

그렇다면 시민 불복종은 오늘 어떤 의미가 있는가? 무엇보다 시민 불복종은 사회에 긴장을 주면서 참된 변화를 추동하는 것이지만 그러기엔 눈앞의 현실에 커다란 벽이 존재한다. 우선 시민의식을 가진 시민이 사라지고 있다. 시민 불복종은 시민의식을 전제하며 그 출발점은 우리가 바라는 사회를 누군가 대신 마련해 주지는 않는다는 인식, 따라서 우리 자신이 만들어 가는 것이라는 인식에 있는데 오늘날 사람들은 정부와 자본이 제공한 사회 현실에 불평을 늘어놓는 것으로 스스로 시민인 양 믿고 있을 뿐이다.

그럼에도 소로의 시민 불복종이 오늘 더욱 절실히 느껴지는 것은 시민 불복종이 불가능해졌기 때문이 아니라 무의미해지고 있기 때문이 아닐까. 역설적이게도 바로 그 때문에 소로의 시민 불복종은 오늘 더욱 빛나야 한다. 냉소와 절망 속에서 나 홀로 자유와 개인적 구원의 유일한 통로인 양 여겨선 안 되기 때문이다. (중략)

"단 한 명이라도 부당하게 감옥에 가두는 정부 밑에서 정의로운 사람이 있을 곳은 역시 감옥뿐이다. (중략) 격리되어 있으나 더욱 자유롭고 명예스러운 곳, 매사추세츠 주가 자기에 동조하지 않고 반대하여 사람들을 가두는 곳, 노예의 나라에서 자유로운 인간이 명예롭게 거주할 수 있는 유일한 집 역시 감옥이다."

19세기에 소로에게 감옥은 자유인의 거처이고 명예일 수 있었다. 그러나 오늘날의 사람들에게 그것은 기껏 불이익으로 비친다. 이유는 간단하다. 오늘날 인간 영혼은 감옥 바깥에서도 자유롭지 못하기 때문이다. 따라서 어떤 사람이든지 자기 이웃보다 더 정의로운 사람이라면 그는 이미 하나로서 다수를 이루고 있는 것이라는 소로의 말은 약한 자의 강변이거나 자기 위안으로 들린다.

"정부는 한 인간의 지성이나 도덕이 아니라 오로지 그의 육체 그의 감각만을 상대하려고 한다. 정부는 우월한 지능이나 정직이 아니라 우월한 물리적 힘으로 무장하고 있다. 나는 누군가에게 강요받으려고 태어난 게 아니다. 나는 내 방식대로 숨 쉴 것이다. 누가 강한지는 두고 보자."

소로가 잘 알고 있었듯 정부는 고결한 시민의 자발적 동의를 얻지 못한다. 그리고 얻으려고도 하지 않는다. 따라서 소로가 국가란 자신의 권력과 권위의 원천으로서 개인을 더욱 고귀하고 독립된 힘으로 인정해야 하고 그에 걸맞게 대접하지 않는 한, 진정으로 자유롭고 계몽된 국가는 없으리라고 말할 때 그것은 분명히 이상주의자의 독백이다. 그러나 나 홀로 자유에 머물지 않고 더불어 사는 사회에 대한 이상이 없다면 그런 사회는 살 만한 사회가 아니다.

참고: 헨리 데이비드 소로, 강승영 옮김, 《시민의 불복종》, 이레, 1999.

1. 소로의 시민 불복종이 오늘날 어떤 의미가 있는지 생각하고 시민 불복종의 전제는 무엇인지 윗글에서 찾아 써 보세요.

2. 자발적 복종과 비자발적 복종이 어우러진 사회가 되고 있는 이유에 대해 자신의 생각을 정리해 보고 윗글에 나온 내용과 비교해 보세요.

3. 다음 글에서 '적게 다스린다, 다스리지 않는다' 라는 말은 무슨 뜻일까요?

'나는 가장 좋은 정부는 가장 적게 다스리는 정부' 라는 표어를 진심으로 받아들이며 그것이 하루빨리 조직적으로 실현되기를 바란다. 이 말은 결국 가장 좋은 정부는 전혀 다스리지 않는 정부라는 데까지 가게 되는데 나는 이 말 또한 믿는다.

4. 《시민 불복종》을 읽고 다음에 이어질 내용을 각자의 생각을 넣어 써 보세요.

불의의 법들이 존재한다. 우리는 그 법을 준수하는 것으로 만족할 것인가? 아니면 그 법을 개정하려고 노력하면서 개정에 성공할 때까지는 그 법을 준수할 것인가? 아니면 당장에라도 그 법을 어길 것인가? _____

5. 《시민 불복종》의 내용 중 인상적인 대목에 표시하고 토론해 보세요.

1) 한 사람이라도 부당하게 가두는 정부 밑에서 의로운 사람이 진정 있을 곳

은 역시 감옥이다. (　　)

2) 우리는 먼저 인간이어야 하고 그다음에 국민이어야 한다고 나는 생각한다. (　　)

3) 법에 대한 존경심보다는 먼저 정의에 대한 존경심을 기르는 것이 바람직하다. (　　)

4) 원칙에 따른 행동, 즉 정의를 알고 실천하는 것은 사물을 변화시키고 관계를 변화시킨다. (　　)

5) 내가 지키는 법보다 더 숭고한 법을 지키는 사람들만이 나에게 뭔가를 강요할 수 있다. (　　)

생각 넓히기 ② 　모둠원과 토론하고 토론 결과 발표하기

[주제 1] 일제 고사 거부… 시민 단체 불복종 운동

자료 1: 전국의 1,600여 명의 학생과 학부모가 오는 31일 올해 처음으로 치러지는 일제 고사가 아닌 '체험 학습'을 선택했다. 또 서울의 122명의 교사는 "우리가 두려운 건 부당한 징계가 아니라 청소년들의 삶의 무게"라며 일제 고사 불복종 실천을 선언했다. 이들 교사는 소속 학교와 이름을 공개했다.

참교육을 위한 전국 학부모회, 평등교육실현을 위한 전국 학부모회 등 5개 학부모 단체로 꾸려진 '일제 고사 폐지 전국 시민모임'은 일제 고사를 하루 앞둔 30일 오전 기자회견을 열어 "전국적으로 1,435명이 일제 고사식 진단 평가에 응하지 않고 체험 학습을 떠난다"고 밝혔다. 기자회견 뒤 이날 오후 충남에서 100명, 강원에서 11명이 늘어 체험 학습을 선택한 학생과 학부모는 1,600여 명을 넘어섰다. 윤숙자 참교육을 위한 전국 학부모회 정책위원장은 "체험 학습을 허락하지 않아 함께하지 못해도 일제 고사에 반대해 가정 학습이나 병가 결석으로 의사를 표현하는 학생과 학부모까지 포함하면 숫자는 이보다 더 많다고 할 수 있다"고 말했다.

실제로 청소년 단체인 '무한경쟁 일제 고사에 반대하는 청소년 모임 세이노(Say no)'가 진행하는 오답 선언에는 이날 오후 2,800여 명이 "나는 일제 고사 시험 망치겠다"며 서명했다. 이들까지 포함하면 일제 고사를 거부하는 행동을 하는 학생과 학부모는 4,500여 명으로 불어난다.

이들 지역에서는 31일 일제 고사 당일날 각 지역에 가까운 강가나 산 등지를 찾아 체험 학습 프로그램을 진행한다. 특히 이날 발표된 일제 고사 반대 전국 학부모 선언에는 전국 9,985명이 이름을 올렸다. A4용지 16쪽에 달하는 분량이다.

시민모임은 "일제 고사에 반대하며 체험 학습을 떠나는 것은 학생과 학부모의 교육 선택권이라는 점을 분명하게 밝힌다"고 강조하며 "학생과 학부모의 교육적 선택에 대한 불이익이나 부당한 대우에 대해서는 법률 지원단을 구성해 적극적으로 대처하고 지원할 계획"이라고 밝혔다.

전교조 서울 지부와 강원 지부는 각각 일제 고사 불복종 운동을 실천한 122명과 23명 교사의 명단을 공개했다. 서울 지부는 이날 오후 서울시 교육청 앞에서 기자회견을 열어 "더 이상 죽어가는 청소년의 삶을 방관할 수 없는 심정으로 교육의 황폐화를 가져올 일제 고사에 불복종 실천을 전개한다"며 교사 122명의 소속 학교와 이름을 공개했다. 이들은 학부모에게 일제 고사의 문제점과 체험 학습을 안내하는 편지글을 보내고 체험 학습 신청서를 받았거나 일제 고사와 관련된 계기 수업을 한 교사들이다.

오정희(서울 대방초) 교사는 "해직 교사들과 똑같이 체험 학습을 안내하는 편지글을 보내고 신청서도 받았다"며 "일제 고사가 폐지되기 위한 최소한의 저항 운동이라고 생각하면 좋겠다"고 말했다.

참고: 〈학생·학부모 1600여명, 일제 고사 아닌 '체험 학습'. 교사 145명, 일제 고사 폐지 실천 선언〉, 《교육희망》, 2009. 03. 30.

자료 2: 일제 고사(국가 수준 학업성취도 평가) 반대 활동으로 해임된 서울지역 초중학교 교사 7명이 이른 시일 안에 학교로 복직할 것으로 보인다. 최종 판결에서 대법원이 이 교사들의 손을 들어주었기 때문이다.

12일 전교조 서울 지부에 따르면 지난 10일 대법원은 '일제 고사를 거부했다는 이유로 교사를 해임한 것은 위법'이라는 항소심 판결에 불복한 검찰의 상고 사건에 대해 '심리불속행 기각' 판결을 내렸다고 밝혔다. 심리불속행 기각이란 대법원이 별도의 판단 대상이 아니라고 인정되는 때에 심리를 하지 않고 상고를 기각하는 것을 말한다. 이번 판결은 지난 2월 강원 지역 4명의 해직교사에 대한 대법원 판결과 같은 것이다. 강원도 교육청은 지난 1일자로 이들 교사들을 학교로 복직시켰다.

전교조 서울 지부는 "이번 판결로 현 정부 교육 정책의 상징인 일제 고사의 부당성과 이에 맞선 선생님들의 정당성이 다시 한 번 확인되었다"면서 "그런데도 교과부는 비교육성이 여러 차례에 걸쳐 확인된 일제 고사를 오는 7월 12일 국가학업성취도 평가라는 이름으로 계속 강행하려 하고 있다"고 비판했다.

참고: 〈 "선생님, 복직 정말 축하해요" 2년여 만에 손잡은 스승 · 제자〉, 《교육희망》, 2011. 03. 31.

[주제 2] 양심을 버리고 쏴라?

최근 국방부는 양심적 병역거부자를 위한 대체복무제도 도입을 재고하겠다는 입장을 발표했다. 2007년 9월 발표된 국방부의 공식 입장을 정권이 바뀌자 뒤집은 것이다. 이러한 국방부의 입장 뒤집기에는 양심적 병역거부자의 다수가 '여호와의 증인'이라는 이유로 대체복무제 도입을 강하게 반대해 온 한국 보수 기독교단체의 입김이 작용했을 것이다. 동시에 독실한 기독교 장로인 대통령의 눈치도 알아서 살폈을 것이다.

유엔 인권이사회는 1987년 이후 수차례의 결의를 통해 양심적 병역거부권은 세계인권선언 제18조와 시민적 및 정치적 권리에 관한 규약('B 규약') 제18조(양심의 자유)에 기초한 정당한 권리 행사라는 점을 분명히 하고, 회원국이 양심적 병역거부자를 위한 대체복무제를 실시하라고 권고했다. 2006년에는 유엔 B 규약 위원회가 한국 정부에 대해 양심적 병역거부권을 인정하라고 권고했고, 2007년 개인 청원에 대한 결정에서 한국 정부가 B 규약 제18조를 위반했다고 결정했다. 2004년 한국 헌법재판소도 양심적 병역거부자의 양심을 보호하는 입법적 보완을 권고한 바 있다. 국제인권법 관점에서 볼 때 양심적 집총 거부가 소수파 종교 집단의 반사회적 행동이 아니며 대체복무제가 애국심 없는 병역 기피자를 도와주는 제도가 아님은 분명하다.

전 세계에서 민주주의 국가라면 징병제를 유지하고 있더라도 동시에 양심적 병역거부자를 위한 대체복무제를 운영하고 있다. 대체복무제는 이데올로기나 종교 교리의 문제가 아니라 사회적 소수자의 인권 보호 문제다. 양심적 병역거부자들은 총을 잡는 것만 아니라면 군 복무보다 더 긴 기간에 많은 사람이 꺼리는 사회봉사에 헌신하겠다고 호소한다. 그럼에도 입대를 하든지 양심을 포기하든지 중 하나만을 선택하라고 강압하며, 매년 500명 이상을 감옥에 보내는 나라가 '문명국'이 맞는가? '정통'과 '참전'의 양심만 양심이고 '이단'과 '반전'의 양심은 처벌 대상일 뿐이라는 생각이 지배하는 사회는 독선과 미망(迷妄)의 암흑 사회다. 항변하라, 나도 사람이라고.

참고: 〈양심 버리고 쏴라?〉, 《한겨레21》, 2008. 08. 01.

1. [주제 1]의 일제 고사 반대 시민 불복종 운동에 대한 모둠원들의 생각을 자유롭게 토론해 보세요.

2. [주제 1]의 읽기 자료 2에서 '일제 고사에 반대하여 해직되었던 서울시 교육청 소속 7명의 교사가 다시 복직되었습니다'는 내용을 읽고 이를 시민 불복종 운동의 정당성이라는 맥락에서 근거를 들어 설명해 보세요.

3. 양심상의 이유로 혹은 종교적, 정치적, 윤리적, 철학적 신념에 의해 군 복무 또는 군인으로서의 역할을 거부하는 것을 양심적 병역거부라고 부릅니다. [주제 2]를 읽고 양심적 병역거부에 대한 생각을 정리해 보세요.

4. 독일과 미국 등 오랜 민주화의 전통을 갖는 국가들은 헌법에 양심의 자유를 인정하여 저항권을 명시하고 있습니다. 우리나라 헌법에는 저항권이 명문화되어 있는지 알아보고 유엔이 권고한 양심적 병역거부권과 연관 지어 토론해 보세요.

5. 시민의 권리와 국가 권력이 충돌되었을 때 시민 불복종을 제한할 수 있는 것은 무엇일까요? 이때 시민 불복종의 정당성은 어디서 나오는지 예를 들어 설명해 보세요.

생활에 적용하기

1. 잘못된 법이나 제도 또는 국가 권력의 남용은 반드시 양심과 판단력을 가진 사람들의 저항을 일으키기 마련입니다. 시민 불복종으로 인한 생활의 불편이나 사회 혼란이 있을 때 프랑스에서는 톨레랑스(관용) 정신으로 불편을 기꺼이 감수한다고 합니다. 만약 여러분이 그런 상황에 처한다면 어떻게 할 건가요?

2. 잘못된 정책이나 국가 권력의 남용에 저항하지 않고 순응한다면 어떤 결과를 가져오게 될지 토론해 보고 여러분의 일상생활 속에서 이러한 사례를 찾아보세요.

고등학생을 위한 민주주의 **권위편**

권위 함께 나누고 키우는 힘

ⓒ민주화운동기념사업회, 2011

초판 1쇄 2011년 6월 30일 펴냄

엮고 쓴이 | 김원태 · 김혜자 · 송순선 · 김현진 펴낸이 | 강준우 기획 · 편집 | 김진원, 문형숙, 심장원, 이동국, 이연희
외주 디자인 | 김경미 마케팅 | 박상철, 이태준 관리 | 김수연
펴낸곳 | 인물과사상사 출판등록 | 제17-204호 1998년 3월 11일
주소 | (121-839) 서울시 마포구 서교동 392-4 삼양빌딩 2층 전화 | 02-471-4439 팩스 | 02-474-1413
홈페이지 | www.inmul.co.kr | insa@inmul.co.kr
ISBN 978-89-5906-185-3 44300
ISBN 978-89-5906-133-4 (세트)
값 9,000원

사생활

더 넓은 세상을
보여 주는 교과서

나의 비밀, 나의 자유

★ 이 교재의 초·중·고등별 **교사용 지도서**와 **학생용 활동지**는 민주화운동기념사업회 홈페이지 〈자료실〉에서 내려받으실 수 있습니다.

고등학생을 위한 민주주의 **사생활편**

Privacy

사생활
나의 비밀, 나의 자유

더 넓은 세상을
보여 주는 교과서

양설 · 최성은 엮고 씀　민주화운동기념사업회 · 학교시민교육연구회 기획

미국 시민교육센터(CCE) 시민교육 프로그램 공유 출판 도서

살아 있는 민주주의,
진화하는 민주주의를 위하여

살아 있는 민주주의는 늘 변화·발전하며, 그 진화에는 끝이 없습니다. 살아 있는 민주주의는 완전한 형태로 성취될 수도 없지만, 우리가 방심한다면 쉽게 사라질 수도 있는, 나약하면서도 늘 변화하는 과정에 있는 것입니다. 그렇기에 이에 대해 늘 관심을 갖고 지켜보아야 하며, 더 나아가서는 이를 지켜 내려는 희생이 필요하기도 합니다.

민주주의를 실현하려는 사회에서는 제도뿐 아니라 이를 실천에 옮기려는 사회 구성원들의 의지도 중요합니다. 그 사회에 살고 있는 대다수의 시민들이 민주주의에 대해 무지하거나 그것을 적절히 실천할 수 있는 방법과 절차를 알지 못한다면, 민주주의는 결코 진화할 수 없을 것입니다. 제도 개선과 함께 올바른 의식을 갖춘 시민을 양성하는 일은 민주주의 발전 과정에서 자연스러운 것입니다. 따라서 우리나라의 학교는 의식적으로 계획된 교육 과정을 통해 민주적인 정치의식이나 신념 및 태도 들을 '어린 시민' 들에게 내면화하는 중요한 역할을 해야 합니다.

우리 사업회가 2005년 전국사회교사모임에 의뢰한 연구 보고서는 전국 1,000여 명의 초·중·고 교사들의 응답을 다음과 같이 정리하였습니다.

교육 과정상의 모든 교과는 민주 시민 교육을 지향하도록 하고 있으며, 재량 활동과 특별 활동에서도 민주 시민 교육과 민주 시민의 자질을 형성하도록 되어 있는데도 불구하고 교과 및 특별 활동, 창의적 재량 활동, 이들을 포함하는 전반적인 교육 활동상에서 민주 시민 교육에 대한 기여도가 평균 이하로 나오는 것으로 보아 현재 학교에서 이루어지고 있는 교육 활동이 민주 시민 양성이라는 궁극적인 목표를 제대로 달성하지 못하고 있는 것으로 판단된다.

그리고 이 연구에 따르면 우리나라 교사들은 책임감, 인권, 참여, 정의, 관용을 우선적으로 다루는 시민 교육 교재 프로그램이 필요합니다. 따라서 민주화운동기념사업회는 2008년 10월 미국 시민교육센터(CCE)와 양해 각서(MOU)를 체결하여 '민주주의의 기초(Foundations of Democracy)' 라는 시민 교육 프로그램을 우리 학생들에게 맞게 한국형으로 개발하였습니다.

이미 몇 년 전부터 이 프로그램에 관심을 갖고 공부했던 교사들이 있었기에 별다른 어려움 없이 이 책을 출판할 수 있었습니다. 우리 사업회보다 먼저 관심을 갖고 공부 모임에 참여하셨던 공영아 · 김만균 · 김미란 · 김소연 · 김원태 · 김주연 · 김현진 · 김혜자 · 남궁혜영 · 남현 · 노미영 · 문덕

순·문희윤·박정은·배성호·손진근·송순선·양설·윤지아·이근화·이미정·이민정·이범기·이은주·이정은·이지영·이현주·이혜숙·장대진·정경수·천희완·최성은·한은희·허효정·황은주 선생님께 감사의 마음을 전합니다.

2011년 6월
민주화운동기념사업회 이사장 정성헌

행복한 삶을 위한 밑거름이 되는 사생활의 자유와 권리

행복은 무엇일까요? 어떻게 해야 행복해질 수 있을까요? 이런 질문에 쉽게 답할 수는 없지만 한 가지 분명한 것은 사람은 누구나 자유롭고 행복하게 살고 싶어 한다는 것입니다. 민주주의 국가는 이러한 개인의 소망을 지키고 보호하기 위해 노력합니다. 우리나라도 헌법 제10조에 "모든 국민은 인간으로서의 존엄과 가치를 가지며, 행복을 추구할 권리를 가진다"라고 명시함으로써 행복추구권이라는 기본적 인권을 보장하고 있습니다.

'사생활의 자유와 권리'는 우리가 행복을 추구할 때 기반이 되는 권리입니다. 사생활을 보호받지 못하는 개인은 존엄성을 침해당하며, 양심과 신념에 따라 자유롭게 행동할 수 없습니다. 표현의 자유와 언론·출판·집회·결사의 자유도 누릴 수 없게 됩니다. 그래서 사생활의 자유가 보장되지 않으면 개인의 행복은 물론 민주주의의 기본 원칙도 무너집니다.

특히 오랫동안 개인보다 집단 중심의 문화가 지배적이었던 우리 사회에서는 사생활 보호의 문제를 '인권'의 관점에서 보지 않고 편리 대 불편, 효율 대 비효율, 비밀 대 공개와 같이 대립된 가치의 문제로 보는 경우가 많았습니다.

게다가 인터넷을 비롯한 정보 통신 및 첨단 과학 기술이 발달하면서 정보의 수집, 보유, 관리, 처리, 이용 능력이 확대되어 개인의 정보가 불법적으로 노출되거나 사생활이 침해되는 사례도 늘고 있습니다. 우리나라 헌법 제17조는 "모든 국민은 사생활의 비밀과 자유를 침해받지 아니한다"고 규정하여 사생활 보호를 국민의 기본권으로 인정하고 있습니다.

그러나 상황에 따라 사생활의 자유와 권리보다는 다른 권리가 우선시되는 경우도 있습니다. 헌법 제37조 2항에서와 같이 "국가안전보장·질서유지 또는 공공복리를 위하여 필요한 경우에 한하여" 사생활권의 제한이 발생할 수 있습니다. 이때 '필요한 경우'의 상세한 기준에 대해서는 사회적 합의가 필요합니다. 그래서 시민사회는 사생활의 자유와 권리를 제한하려는 시도들을 면밀히 살피고, 개인의 정보를 방대하게 수집하는 정치·경제적 세력의 권력 남용을 경계해야 합니다.

이 책《사생활, 나의 비밀, 나의 자유》는 세계적으로 널리 보급된 미국 시민교육센터(CCE)에서 개발한 '민주주의 기초(Foundation of Democracy)' 시리즈 중 '사생활(Privacy) 편'을 한국 실정에 맞게 응용하여 쓴 것입니다. 사생활의 자유와 권리를 둘러싼 여러 가지 논쟁을 살피고 다양한 입장을 이해한 뒤 자신의 생각을 정리해 볼 수 있을 것입니다. 학생 한 사람, 한 사람이 사생활의 자유와 관련된 민주주의의 가치를 자연스럽게 받아들이고, 올바른 사생활의 자유와 권리를 누리며 생활해 나갈 수 있기를 기대합니다.

2011년 6월

양설 · 최성은

CONTENTS

PART I

사생활의 자유와 권리의 중요성

PART II

사생활의 자유와 권리를 지키는 방법이 저마다 다른 이유

PART Ⅲ
사생활의 자유와 권리의 보장에
따르는 이익과 대가

PART Ⅳ
사생활 보호의 범위와 한계

PART I

사생활의 자유와 권리의 중요성

01. '사생활의 자유와 권리'란 무엇인가요?

02. 사생활의 자유와 권리를 보호하기 위해 어떻게 행동하나요?

03. 사생활의 자유와 권리는 왜 중요한가요?

© AndyRob

공공장소를 비롯한 여러 장소에
다양한 목적으로 설치된 CCTV.

이 단원에서는 '사생활의 자유와 권리'가 무엇이며 이것이 일상생활에서 어떤 의미를 갖는지, 또 우리에게 얼마나 중요한 가치인지 배웁니다. 다양한 상황 속에서 '사생활의 자유와 권리'에 대한 예를 발견하고, 이 권리를 보호하기 위해 사람들은 어떤 방법을 취하는지 알아보겠습니다.

01. '사생활의
자유와 권리' 란
무엇인가요?

이 장에서는 '사생활의 자유와 권리' 가 뜻하는 바가 무엇인
지 정의를 내리고 그 중요성을 소개합니다. 특정 상황에서
'사생활의 자유와 권리' 가 보호되고 있는지 그렇지 않은지
를 구분하고, 사생활 보호가 필요한 이유를 설명해 봅시다.

'사생활의 자유와 권리' 란 무엇인가?

'사생활의 비밀과 자유를 보호받을 권리' 란 외부로부터 개
인 생활에 대한 간섭을 받지 않을 권리와 자신의 의사에 반해
사생활의 내용이 공개되지 아니할 권리를 말합니다. 또한 자신
에 관한 정보를 스스로 관리하고 통제할 수 있는 권리이기도
합니다. 정보 통신 기술이 발달한 현대 사회에서는 개인 정보
에 대한 통제와 관리 문제가 사생활 보호의 중요한 측면으로

핵심 용어
알·아·두·기

• 사생활 보호의 대상: 자신에
  관한 사실, 행동, 의사소통, 사
  상이나 감정 등.

부각되기 시작했습니다.

'사생활의 비밀과 자유를 보호받을 권리'를 흔히 프라이버시권이라고도 부릅니다. 아마도 많은 학생은 '사생활권'이나 '프라이버시권'이라는 말보다는 '프라이버시(Privacy)'라는 말이 더 친숙할 것입니다.

원래 '프라이버시'란 '사람의 눈을 피하다'라는 라틴어에서 유래한 말로 우리말로는 '사생활'로 번역됩니다. 그러나 프라이버시라는 말속에는 실질적으로 '사생활'보다 더 넓은 의미가 포함되어 있습니다. 즉 사생활 및 그와 관련된 여러 가지 권리를 포함하는 말입니다.

그래서 이 책에서는 프라이버시, 혹은 프라이버시권을 '사생활의 자유와 권리'라고 줄여서 표현하겠습니다. 이것은 '인간의 존엄성'과 '자유'에 대한 보호를 포함하는 포괄적 의미를 담고 있습니다.

세계인권선언은 제12조에서 "어느 누구도 사생활, 가정, 주거 또는 통신에 대하여 자의적인 간섭을 받지 않으며, 자신의 명예와 신용에 대하여 공격을 받지 아니한다. 모든 사람은 그러한 간섭과 공격에 대하여 법률의 보호를 받을 권리를 가진다"라고 하여 사생활의 비밀과 자유를 보호받아야 하는 중요한 인권으로 규정하고 있습니다.

우리나라 헌법 제17조도 "모든 국민은 사생활의 비밀과 자유를 침해받지 아니한다"라고 규정하여 사생활의 비밀과 자유의 불가침을 보장하고 있습니다.

사생활의 자유와 권리의 구체적인 내용은 다음과 같이 정리할 수 있습니다.

★ 사생활의 자유와 권리

① 개인이 외부의 간섭 없이 자신의 삶을 영위할 권리

② 개인이 자신의 의사에 반하여 사생활이 공개되지 않을 권리

③ 자기 정보를 누구에게 어느 정도까지 공유할지를 스스로 결정할 수 있
   는 권리

다음 사진이 '사생활의 자유와 권리'의 세 가지 항목 중 무엇과 연결될
수 있는지 이야기해 봅시다.

사생활 보호의 대상은 무엇인가?

사생활의 자유와 권리는 여러 가지 방식으로 쉽게 침해되거나 위협을 받
을 수 있습니다. 다음은 다른 사람들이 나에게 보이는 관심 · 관찰 및 방해
로부터 지키고 싶은 나의 내적 · 외적 정보들의 목록입니다.

★ 사생활 보호의 대상

① 출생지, 학력, 나이나 몸무게, 부모의 직업 등과 같은 **사실**

② 어디를 가거나 누구를 만났는지, 무엇을 했는지 등의 **행동**

③ 다른 사람과 대화하기 위해서 쓴 편지나 전화 통화, 이메일 내용 등과 같은 **의사소통**(communication)

④ 누구를 좋아하는지 또는 싫어하는지, 무엇을 두려워하는지, 종교·정치적 견해 등과 같은 **사상이나 감정**

★ 사생활 보호의 대상을 다음과 같은 기준으로 구분할 수도 있습니다.

① 정보 프라이버시: 신용 정보, 의료 기록, 정부 기록 등 개인 정보(Data)

② 신체 프라이버시: 유전자 검사, 약물 검사, 신체 수색 등 신체적 자아에 관한 정보

③ 통신 프라이버시: 우편, 전화, 이메일, 기타 형태의 통신 비밀

④ 영역 프라이버시: 가정, 작업장, 공공장소, 기타 환경의 출입제한 및 수색, 비디오 감시

참고: 〈프라이버시와 인권 보고서 2006〉,《프라이버시 인터내셔널(Privacy International)》, 2007. 12. 18.

생각 넓히기 ①　사생활 보호의 정도 차이

사람들은 대부분 잘 모르는 사람들에게 자기 자신에 관한 정보를 모두 공개하지는 않습니다. 어떤 정보는 가장 가까운 친구나 가족하고만 나누고 또 어떤 정보는 아예 아무와도 공유하지 않고 혼자만 알고 있기도 합니다. 이처럼 어떤 행동은 거리낌 없이 공개적으로 행하지만, 어떤 행동은 혼자일 때만 하거나, 자신이 잘 알고 있거나 믿는 사람들 앞에서만 합니다.

다음 표에서 또 다른 예가 있는지 생각해 보고 적어 봅시다.

공개의 수위	사례
그 누구와도 나눌 수 없는 것은?	가족 내 폭력, 자신의 잘못, 그리고 _____
아주 가까운 친구, 친척, 가족하고만 나눌 수 있는 것은?	가출, 친구 문제, 부모의 이혼, 그리고 _____
반 친구, 이웃 등 어느 정도 친분이 있는 사람들과 나눌 수 있는 것은?	주말에 내가 한 일, 내가 좋아하는 스타, 그리고 _____
신문이나 방송기자, 국세청 공무원 등 타인에게 밝힐 수 있는 것은?	내가 좋아하는 스타, 운동 종목, 가 보고 싶은 곳, 그리고 _____

위 활동이 끝난 후 아래 문제를 토론해 봅시다.

1. 사람들이 가장 사적으로 여기는 정보나 활동에는 어떤 공통점이 있나요?

2. 사람들이 누구에게나 밝힐 수 있다고 여기는 정보나 활동에는 어떤 공통점이 있나요?

3. 만약 여러분이 가장 사적으로 여기는 정보나 활동이 텔레비전으로 방영된다면 어떤 느낌이 들까요?

4. 만약 여러분이 사적인 정보나 활동을 가장 가까운 친구나 친척, 가족과 나눌 수 없다면 어떤 느낌일까요? 또한 그들과의 관계에 어떤 영향을 끼칠 것 같나요?

다음 글을 읽고 사생활 보호가 필요한 상황인지 생각해 보고 질문에 답해 봅시다.

◎ 승희가 토요일에 선경이네 집으로 놀러 왔습니다. 둘은 거실에서 TV도 보고 큰 소리로 연예인 이야기도 나누었습니다. 그러나 승희가 남자 친구 이야기를 꺼내자 선경이는 얼른 승희를 자신의 방으로 데려갔습니다. 거실에 같이 있던 엄마가 그 이야기에 관심을 보이는 것이 싫었기 때문입니다.

◎ 은별이는 ○○대학의 문학작품 공모대회에 자신의 글을 제출하려고 합니다. 그러나 친구나 가족들이 그 사실을 알게 될까 봐 조심합니다. 그래서 가족들이 모두 잠든 새벽에 자기 방에서 몰래 글을 쓰고 있습니다.

◎ 승재는 오늘 서울과 대전팀이 월드컵 경기장에서 경기한다는 사실을 TV를 통해 알게 되었습니다. 승재는 학교에 가자마자 용철이에게 그 사실을 알려 주고 같이 보러 가자고 이야기했습니다.

◎ 명현이와 규형이는 서로 마음이 가장 잘 통하는 친구입니다. 둘은 매주 일요일 저녁, 집 근처의 초등학교 운동장에서 만나 농구도 하고 때로는 자신들의 미래에 대해 이야기를 나눕니다. 그러나 둘만의 장소에 대해서는 아무에게도 말하지 않았습니다.

◎ 경은이는 동아리 친구들과 산행을 가게 되었습니다. 좁은 산길을 따라 땅만 보며 걷고 있었는데 눈을 들어 보니 일행이 보이지 않았습니다. 길을 잃었음을 깨달았습니다. 도와달라고 소리쳤지만 아무도 듣지 못하는 것 같습니다. 경은이는 정말 홀로 남겨지게 된 것입니다.

◎ 유명 배우인 정 씨는 얼마 전 성형을 목적으로 양악 수술을 받았습니다. 얼굴 전체의 윤곽선이 달라져 이미지가 바뀌자 인터넷에서는 성형 수술을 했다는 의혹이 제기되었습니다. 그러나 정 씨는 이 사실에 대해 어떠한 입장도 밝히지 않았습니다.

◎ 동훈이는 양심적 병역거부권을 인정해야 한다고 생각합니다. 하지만 친구들 대부분은 양심적 병역거부권을 인정해서는 안 된다고 주장하기 때문에 친구들 앞에서 자신의 생각을 말하지 않았습니다.

어떻게 생각해?

1. 위 사례 중 사생활 보호가 필요한 상황은 어느 것인가요?

2. 왜 사생활 보호가 필요하다고 생각하나요?

3. 각 상황에서 사생활을 보호받고 싶어 하는 사람은 누구인가요?

4. 각 상황에서 사생활 보호의 대상이 되는 것은 무엇인가요?

5. 각 상황에서 주인공은 누구로부터 사생활을 지키려고 하나요?

1. 자신의 사생활을 보호하기 위해 학교에서 다른 사람들이 지켜 주기 원하는 규칙들을 써 봅시다. 왜 그러한 규칙을 정했는지도 설명합니다.

   1) 주인이 없을 때 가방을 열어 보거나 남의 책을 허락 없이 가져가지 않는다.

   2) _____

   3) _____

   4) _____

   5) _____

2. 지난 며칠간의 일을 돌아보고, 나 혹은 누군가의 사생활 보호와 관련된 상황을 하나 적어 보세요. 그리고 다음 질문에 답해 보세요.

   _____

   _____

   1) 사생활을 보호하고자 하는 사람은 누구인가요?

   2) 지키고자 한 사생활 보호의 대상은 무엇인가요?

   3) 누구로부터 사생활 보호의 대상을 지키려 하나요?

   4) 사생활 보호의 대상을 왜 지키고 싶어 했나요?

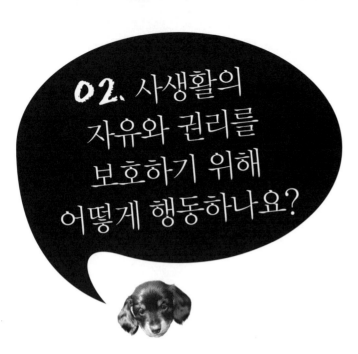

02. 사생활의 자유와 권리를 보호하기 위해 어떻게 행동하나요?

학·습·길·잡·이

'사생활의 자유와 권리'를 영위하는 방법에 대해 알아봅시다. 사생활 보호의 대상을 지키기 위해 사람들이 취하는 행동과 그 다양한 방식을 소개합니다.

핵심 용어
알·아·두·기

- **고립**: 다른 사람들로부터 멀리 떨어져 홀로 삼.

- **비밀**: 다른 사람에게 이야기하지 않고 혼자만 알고 있는 일.

- **기밀**: 내부 사람에게 이야기했으나 외부 사람에게는 비밀이 보장되어야 할 일.

- **배제**: 다른 사람이 사생활에 접근하지 못하도록 함.

사람들은 사생활의 자유를 누리기 위해서 어떻게 행동할까?

사람들은 사생활의 자유를 누리기 위해 일반적으로 다음과 같이 행동합니다.

① 고립되기

타인으로부터 멀리 떨어져 자신을 스스로 고립시키는 경우입니다. 예컨대 다른 사람들과 교류하지 않고 칩거하거나 외진

곳에서 혼자 살아가기도 합니다.

② 비밀로 하기

사람들은 사생활 보호의 대상을 다른 사람들에게 알리지 않고 자신만의 비밀로 간직할 때도 있습니다. 예를 들어, 여러분은 자신의 몸무게나 키와 같은 신체적 특징이나 학교 성적 등을 비밀로 할 수 있습니다. 자신의 소득이나 직장, 독특한 취향 등에 대해서도 다른 사람들에게 말하지 않을 수 있습니다. 여러분과 여러분의 친구들은 주말 계획을 비밀로 하거나 여러분이 한 일이나 본 일을 아무에게도 얘기하지 않기로 약속할 수도 있을 것입니다.

③ 기밀로 하기

믿을 수 있는 타인에게만 이야기하는 사적인 정보를 기밀이라고 합니다. 예를 들어, 여러분은 친구나 가족에게도 말하지 못한 일을 상담 선생님에게 이야기할 수 있습니다. 그 비밀이 다른 사람들에게 새어 나가지 않으면서도 도움을 받을 수 있다고 믿기 때문입니다. 대체로 사람들이 의사나 변호인, 성직자에게 털어놓은 것들은 기밀이 됩니다.

④ 배제하기

다른 사람들이 자신의 사생활에 접근할 수 없도록 함으로써 비밀을 고수하기도 합니다. 예를 들어, 여러분은 친구들과 나눈 문자나 통신의 내용을 혼자만 알 수 있도록 이동 전화에 비밀번호를 설정해 다른 사람이 볼 수 없게 합니다.

이동 전화에 설정해 놓은 비밀번호.

23

스티브 잡스는 애플의 창업자 겸 최고경영자(CEO)로, 현재 컴퓨터 산업과 엔터테인먼트 산업에서 가장 중요한 인물 가운데 한 사람이다. 2000년대 들어 그는 건강이 나빠져 여러 수술을 받았으며 회사의 경영을 다른 사람에게 맡기기도 했다. 그러나 애플사에서는 그의 건강 상태에 관해 공식적인 발표를 하지 않았고 투자자들은 최고경영자(CEO)의 건강 상태에 대한 공개가 충분하지 않다며 불만을 표시했다. 이 때문에 미국 증권거래위원회가 조사에 나서기도 했지만, 경영자가 업무를 수행할 수 없을 정도의 질병이 아니라면 구체적인 건강 정보의 공개를 요청하지는 않는 것이 원칙이라고 밝혔다.

잡스는 병가를 내면서 사원들에게 자신의 신상에 대해 다음과 같이 밝혔다. "이사회에 요청하여 병가를 얻었다. CEO직을 계속 유지하면서 회사의 주요 결정에 개입할 것이다. 될 수 있는 한 빨리 복귀하고 싶다. 나와 가족의 프라이버시를 존중해 줬으면 한다."

이에 대해 투자자들은 "잡스의 건강에 대한 정보는 애플에 대한 투자 여부를 결정할 중요한 정보"라며 추가로 정보를 공개해 달라고 요구하고 있다. 하지만 개인의 신체적 특성이나 건강 정보는 본인의 의사에 반해 공개할 수 없는, 개인 정보 가운데서도 보호 수준이 가장 높은 정보에 속한다. 한 의사는 "유명인의 경우, 질병 여부를 떠나서 특정 항목 검진을 받는다는 사실 자체가 프라이버시이기 때문에 개인의 의료 정보는 철저하게 보호되어야 한다"고 말했다.

참고: 〈애플 투자자, 토끼 간 보여달라는 용왕님 심보?〉, 《한겨레》, 2011. 01. 24.

1. 누가 사생활을 지키고자 하나요?

2. 그는 사생활의 어떤 부분을 보호하려고 하나요?

3. 그는 누구로부터 '사생활의 비밀과 자유'를 지키고자 하나요?

4. 그는 '사생활의 비밀과 자유'를 지키기 위해 어떻게 행동했나요? 그것은 고립되기, 비밀로 하기, 기밀로 하기, 배제하기 중 무엇에 해당하나요?

● SNS: 소셜 네트워크 서비스(Social Network Service)의 약자로 웹상에서 다양한 인간관계를 쌓아 나가고 정보도 공유할 수 있는 개방적인 온라인 서비스.

생각 넓히기 ② SNS에서 자신의 글을 미공개로 설정한 취업 준비생

기업들이 직원을 뽑을 때 지원자들의 싸이월드, 블로그, 트위터 등 SNS(Social Network Service)를 들여다보고 있다.

이 때문에 젊은 세대라면 누구나 하나쯤은 이용하고 있을 법한 SNS에 함부로 글을 올리거나 자신의 정보를 무차별적으로 공개하면 취업을 할 때 문제가 될 수 있다.

기업의 인사 채용 방식 중 하나로 SNS 조사가 이루어진다는 사실이 알려짐에 따라 취업 준비생들은 입사 지원 전에 SNS에 올렸던 내용을 정리하거나 심지어 아예 탈퇴하기도 했다. 대구에 사는 취업 준비생 박 모(27) 씨는 평소 글쓰기를 좋아해 2009년부터 블로그를 운영하기 시작했는데 얼마 전 인사 담당자들이 SNS를 조사한다는 뉴스를 접하고는 다이어리에 쓴 '우울하다, 힘들다'와 같은 타인에게 보이기엔 민망한 개인적인 푸념을 친구에게만 공개하는 설정으로 바꾸거나 지웠다. 그는 "사회적 이슈에 대해 비판적으로 적어 놓은 몇몇 글에 내 정치적 성향이 지나치게 드러나는 것 같아 걱정된다"며 "지워야 할지 고민 중"이라고도 말했다.

참고: 〈트위터 · 홈피 등에 글 잘못 올리면 취업 발목 잡힌다〉, 《주간조선》, 2010. 07. 31.

1. 누가 사생활을 지키고자 하나요?

2. 그들은 사생활의 어떤 부분을 보호하려고 하나요?

3. 그들은 누구로부터 '사생활의 비밀과 자유'를 지키고자 하나요?

4. 그들은 '사생활의 비밀과 자유'를 지키기 위해 어떻게 행동했나요? 그것은 고립되기, 비밀로 하기, 기밀로 하기, 배제하기 중 무엇에 해당하나요?

생활에 적용하기

1. 자신과 친구들이 사생활을 보호하기 위해 사용했던 방법을 사례로 들어 보세요.

고립되기	
비밀로 하기	
기밀로 하기	
배제하기	컴퓨터를 사용하는 동안 다른 사람이 내 컴퓨터 화면을 보지 못하도록 모니터 보안 필름을 설치했다.

2. 사람들이 의사나 변호사와 나누는 대화를 왜 중요한 비밀로 여길까요? 그 이유에 대해 생각해 보고 다음 빈칸을 채워 보세요.

1) 내가 B형 간염 보균자라는 사실이 회사에 알려지면 취업에 불이익을
   당할 수 있다.

2) _____

3) _____

4) _____

5) _____

4가지 방법이
있구나.

03. 사생활의 자유와 권리는 왜 중요한가요?

'사생활의 비밀과 자유' 의 중요성에 대해 고찰합니다. 다양한 문학 작품 속에서, 혹은 일상생활의 여러 사례 속에서 사생활의 비밀과 자유가 필요한 이유를 설명해 봅시다.

자신만의 공간을 가진다는 것은 왜 중요한가?

혹시 여러 사람이 이용하는 비행기나 지하철, 버스 등에서 노트북을 사용해 본 경험이 있다면 옆에서 느껴지는 시선 때문에 불편함을 느낀 적이 있었을 것입니다. 사람들의 이런 심리를 반영한 다음과 같은 재미있는 사진도 있습니다. 수많은 사람이 이용하는 공간이라도 사람들은 자신만의 공간이 필요

28

보안을 위해 랩톱 삭(laptop sock)을 쓰고 컴퓨터를 하는 사람. 자신만의 공간을 갖는다는 것은 왜 중요한가?

하다고 느낍니다. 그리고 그 공간 속에서 아늑함과 편안함을 누리고자 합니다.

여러분은 언제 나만의 공간과 시간이 필요하다고 느꼈나요? 아래에 있는 다양한 글을 읽으며 느낌을 나누어 봅시다.

생각 넓히기 ① 나만의 공간과 시간을 찾아서

노랫말, 시, 수필과 같은 작품들은 우리에게 새로운 시각을 제공하기도 하고 우리의 어렴풋한 생각이나 감정을 좀 더 명료하게 만들어 주기도 합니다. 다음 작품들을 사생활의 비밀과 자유에 연관 지어 봅니다.

[자료 1] 영화(Young Hwa), 노래 〈꿈을 꾼다〉 중에서

나는 꿈을 꾼다

비가 오는 날엔

고요히 나만의 세계에서

그곳에서 나는

다시 꿈을 꾼다

나를 마주하는 그곳에서

나만 알고 있는

나만의 공간에

커다란 성을 쌓아 놓고

단단한 성문엔

자물쇠를 채워

그 누구도 들어오지 못하게

비가 바람 되고

바람이 파도 되어

파도가 바다 되고

바다가 산이 되어

그 산이 무너지고

비바람 몰아치는 그곳에

나는 꿈을 꾼다

비가 오는 날엔

고요히 나만의 세계에서

그곳에서 나는

다시 꿈을 꾼다

나를 마주하는 그곳에서

[자료 2] 버지니아 울프, 소설 《자기만의 방》 중에서

여성이 소설을 쓰기 위해서는 돈과 자기만의 방이 있어야 한다는 의견을 제시하는 것입니다. (중략) 글 한 줄 쓰지 못한 채 교차로에 묻힌 이 시인은 아직 살아 있습니다. 그녀는 여러분 속에 그리고 내 속에, 또 오늘 밤 설거지하고 아이들을 재우느라 이곳에 오지 못한 많은 여성들 속에 살아 있습니다. 그녀는 살아 있지요. 위대한 시인은 죽지 않으니까

요. 그들은 계속되는 존재들입니다. 그들은 우리 속으로 걸어 들어와 육체를 갖게 될 기회가 필요할 뿐입니다. 이제 여러분의 힘으로 그녀에게 이런 기회를 줄 가능성이 커지고 있습니다. 우리가 앞으로 백 년 정도 살게 되고 각자가 연간 500파운드와 자기만의 방을 가진다면, 그리고 우리가 스스로 생각하는 것을 정확하게 표현할 수 있는 용기와 자유의 습성을 가지게 된다면, 우리가 공동의 거실에서 탈출하여……

[자료 3] 안도현, 시 《간격》

숲을 멀리서 바라보고 있을 때는 몰랐다.

나무와 나무가 모여

어깨와 어깨를 대고

숲을 이루는 줄 알았다.

나무와 나무 사이

넓거나 좁은 간격이 있다는 걸

생각하지 못했다.

벌어질 대로 최대한 벌어진

한데 붙으면 도저히 안 되는,

기어이 떨어져 서 있어야 하는,

나무와 나무 사이

그 간격과 간격이 모여

울울창창 숲을 이룬다는 것을

산불이 휩쓸고 지나간

숲에 들어가 보고서야 알았다.

[자료 4] 법정 스님, 《홀로 사는 즐거움》 중에서

사람은 본질적으로 홀로일 수밖에 없는 존재다. 이 세상에 올 때도 홀로 왔고 살 만큼 살다가 떠날 때도 홀로 간다. 가까운 사람끼리 어울려 살면서도 생각은 저마다 다르다. 사람이 얼굴이 다르듯 삶의 바탕을 이루고 있는 업이 다르기 때문이다.

우리 같은 독신 수행자는 주어진 여건 자체가 홀로이기를 원한다. 한곳에 모여 공동체를 이루고 살면서도 저마다 은자처럼 살아간다. 무엇보다도 독립과 자유를 원한다. 묶여 있지 않은 들짐승이 먹이를 찾아 여기저기 숲 속을 다니듯, 독립과 자유를 찾아 혼자서 간다.

1. [자료 1]에서 노랫말 속 주인공이 원하는 것은 무엇인가요?

2. [자료 2]에서 여성 소설가나 시인에게 필요한 것은 무엇입니까? 그것이 필요한 이유는 무엇인가요?

3. [자료 3]에서 '나무와 나무 사이의 간격'이 필요한 이유는 무엇인가요?

4. [자료 4]에서 작가는 홀로 지내는 생활의 장점을 무엇이라고 했나요?

자유로운 생각은 자유로운 생활로부터 나온다고 생각한 소로

1817년에 태어난 헨리 데이비드 소로는 대학을 졸업하고 잠시 교사 생활을 한 뒤 목수, 석공, 조경, 토지 측량, 강연 등의 일을 시간제로 하면서 대부분의 시간을 산책하고 독서하고 글 쓰는 데 할애했다. 그는 노예제 폐지 운동에 헌신했으며, 멕시코전쟁에 반대하여 인두세 폐지 운동을 하다 감옥에 갇히기도 했다. 부당한 사회와 정부에 대한 저항을 보여 준 그의 시민 불복종 운동은 후대 사람들에게 깊은 감동을 주었다.

그는 1845년부터 2년 동안 월든 호숫가에 오두막집을 짓고 혼자 생활했다. 당시 그곳은 외부 세계와 멀리 떨어진 산골이었고 자연 속에서 단순하고 자급자족적인 삶을 즐기며 지냈다. 땀 흘려 일했지만 혼자 먹기 넘칠 만큼 거두겠다 싶으면 미련 없이 호미를 내던지고 빈둥빈둥 쉬었다. 소로는 그

월든 호숫가에 복원해 놓은 헨리 데이비드 소로가 살던 오두막집.

헨리 데이비드 소로.

곳에서의 생활과 내면적 성찰을 담은 대표적인 저서 《월든》(1854)을 비롯해 언론에 다수의 글을 기고했다. 다음은 〈시민의 불복종〉이라는 제목의 글 중 일부다.

"만일 우리가 자유롭게 사색하고 자유롭게 공상을 하고 자유롭게 상상을 할 수 있다면, 그리하여 존재하지도 않는 것이 존재하는 것처럼 보이는 일이 결코 오래 지속되지 않는다면, 현명치 못한 지배자나 개혁자가 우리를 치명적으로 괴롭힐 수는 없을 것이다."

참고: 헨리 데이비드 소로, 강승영 옮김, 《시민의 불복종》, 이레, 1999.

어떻게 생각해?

1. 소로가 선택한 '자발적 고립' 생활의 장점은 무엇입니까?

2. 이러한 생활이 가져올 수 있는 불편함이나 단점은 무엇이라고 생각합니까?

3. 위에서 인용한 소로의 글이 뜻하는 바는 무엇입니까? 사생활 보호의 중요성과 연결 지어 이야기해 봅시다.

생활에 적용하기

1. 여러분은 홀로 있고 싶었을 때가 있었나요? 언제 그런가요? 홀로 있고 싶었는데도 홀로 있지 못했을 때의 기분은 어떠했나요?

   1) 명절이어서 많은 가족이 모였다. 아무도 묻지 않기를 바랐던 나의 대학 진학 결과를 물으시는데 그 자리를 떠나고 싶었다. 그러나 나 혼자 있을 공간이 없어서 마음이 불편했다.

2)

3)

2. 다음 영화 속에서 사생활이 침해되는 상황을 찾아보고 사생활 보호가 왜 중요한지 이야기해 봅시다.

1) 가타카(Gattaca, 1997) - 개인 유전 정보로 사람의 미래를 결정한다.

2) 마이너리티 리포트(Minority Report, 2002) -

3) 에너미 오브 스테이트(Enemy of the State, 1998) -

영화 속
사생활이라……

PART II

사생활의 자유와 권리를 지키는
방법이 저마다 다른 이유

04. 사생활을 지키려는 사람들의 행동은 왜 저마다 다른가요?

05. 사생활의 자유와 권리를 지키는 방법은 사회마다 어떻게 다른가요?

페이스북의 개인 정보 공개 설정. 사람마다 개인 정보를 보호하는 정도는 다릅니다.

이 단원에서는 사생활의 자유와 권리를 지키기 위한 행동이 사람마다 다름을 배웁니다. 사생활을 지키려고 하는 것은 어느 사회, 문화에서나 보편적으로 볼 수 있는 현상이지만 그 구체적인 방법은 사회마다 다르고 한 사회 안에서도 개인마다 다를 수 있습니다. 여러 사생활 보호 행동의 공통점과 차이점을 알아보고, 사생활 보호의 방법이 다른 이유는 무엇인지에 대해 생각해 봅니다.

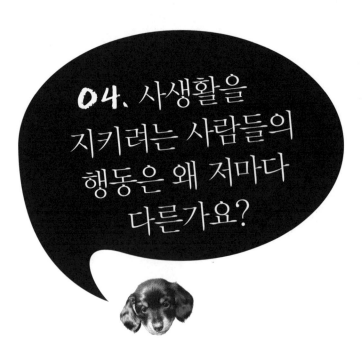

04. 사생활을
지키려는 사람들의
행동은 왜 저마다
다른가요?

사람마다 지키려고 하는 사생활의 범위와 정도가 다른 이유
를 알아봅시다. 다양한 사생활 보호 행동 사이의 유사점과
차이점에 대해 설명해 봅시다.

사생활을 보호하는 행동에
영향을 끼치는 요소

　장 자끄 상뻬의 동화 《얼굴 빨개지는 아이》의 주인공 마르슐
랭은 이유 없이 얼굴이 빨개지는 특징이 있습니다. 왜 얼굴이
빨개지는지 고민도 많이 하고 병원에서 진찰도 받아 보았지만
소용이 없었습니다. 처음엔 그렇지 않았는데 점점 친구들과도
어울리지 못하고 혼자 노는 것을 좋아하게 되었습니다. 친구들
이 자기의 얼굴 색깔에 대해 한마디씩 하는 것이 견디기 어려웠

기 때문입니다. 마르슬랭은 바닷가에서 보내는 여름 바캉스 철이 가장 행복했습니다. 그때가 되면 다른 사람들의 얼굴도 모두 함께 빨개지기 때문입니다. 반면에 한겨울에는 다들 추위에 새파래진 얼굴로 다니는데 혼자만 계절에 맞지 않는 얼굴색을 하고 다니는 것이 싫었습니다.

이 이야기에서 마르슬랭은 자신의 얼굴이 빨개지는 것을 남들에게 보이고 싶지 않습니다. 이때 마르슬랭이 선택할 수 있는 행동은 고립되기, 비밀로 하기, 기밀로 하기, 배제하기 중에 '고립되기' 밖에 없었습니다. '얼굴이 빨개지는 것'은 비밀이나 기밀로 하고 싶어도 그럴 수가 없는 일이기 때문입니다.

그런데 만약 마르슬랭이 얼굴이 빨개지는 것을 개성으로 생각하고 굳이 감추려 하지 않는다면 어떻게 될까요? 사람은 저마다 보호하거나 비밀로 유지하고 싶어 하는 것이 다르고, 그것을 지키기 위해 취하는 행동에도 차이가 있습니다. 다음은 그 차이를 만드는 요인이 되는 것들입니다.

① **가족**: 사람들의 가정생활은 사생활을 보호하려는 그들의 행동에 영향을 줄 수 있습니다.

- 민호의 가족은 할머니 앞에서는 둘째 삼촌에 대한 얘기를 되도록 하지 않습니다. 삼촌이 심한 우울증으로 몇 년 전에 자살했기 때문입니다.
- 은아는 일곱 형제자매와 함께 아파트에서 살고 있습니다. 집이 아주 작고 북적대 사생활의 자유를 누릴 수가 없습니다. 은아는 혼자 있을 수 있는 자신만의 방을 갖는 것이 꿈입니다.

② **직업이나 직책**: 직업 때문에 사생활 보호가 필요한 경우도 있습니다.

- 지현은 유명한 육상 선수입니다. 기자에게 사진을 찍히거나 팬들이 몰려드는 것을 피하려고 집 주소와 전화번호를 비밀로 합니다.

③ **개인적 경험**: 과거의 경험이 앞으로의 사생활 보호 행동에 영향을 끼칩니다.

- 주원이는 믿었던 친구에게 비밀로 한 이야기가 반 전체에 퍼져 망신을 당한 기억이 있습니다. 그 이후로는 아무에게도 비밀을 말하지 않습니다.
- 미화의 가족들은 모든 문제를 터놓고 이야기합니다. 그래서 미화는 친구들에게도 자연스럽게 자신의 이야기를 털어놓는 편입니다.

④ **사생활을 보호받을 환경인지의 여부**: 사생활 보호를 제공하지 않는 환경이라면 사람들은 비밀을 보호받을 권리를 포기하기도 합니다.

- 조지 오웰은 《1984》라는 소설에서 모든 사람의 집에 텔레스크린이 존재하는 사회에 대해 이야기했습니다. 정부는 이 텔레스크린을 통해 모든 사람의 말과 행동을 보고 들을 수 있습니다. 어느 날 주인공인 윈스턴 스미스는 텔레스크린이 설치되어 있지 않은 작은 방을 발견하게 됩니다. 작고 낡은 방이었지만 윈스턴은 그곳이 천국처럼 느껴졌습니다.
- 고독하고 호젓한 생활을 원했던 데카르트는 네덜란드의 대도시인 암스테르담에서 살았습니다. 도시의 편리함을 누리면서도 사막 한가운데 사는 것 못지않게 조용히 지낼 수 있었기 때문입니다. 대중 속에서 익명으로 살 수 있는 도시의 삶은 사생

소설 《1984》를 쓴 작가 조지 오웰.

활을 영위하는 데 도움을 주기도 합니다.

⑤ **사생활의 비밀과 자유에 부여하는 가치**: 사람들의 행동은 그들 자신이나 가족, 문화가 사생활의 비밀과 자유에 어떤 가치를 두느냐에 따라서 달라지기도 합니다.

- 작은 마을에서 나고 자란 사람들은 이웃끼리 생활의 모든 것을 나눕니다. "이웃집의 젓가락과 숟가락 개수까지 안다"는 말이 있을 정도입니다.
- 장 그르니에는 자신의 책 《섬》에 다음과 같이 썼습니다. "나는 오로지 나만의 삶을 갖는다는 즐거움을 위하여 별것 아닌 행동들을 숨기기도 한다. 비밀스러운 삶. 고독한 삶이 아니라 비밀스러운 삶 말이다. 나는 오랫동안 그 꿈이 실현 가능한 것이라고 믿어 왔다."

⑥ **가치 비교**: 사람들은 사생활의 비밀이 유지되기를 원하지만 상황에 따라 다른 것에 더 큰 가치를 두기도 합니다.

- 마크 트웨인의 소설 《톰 소여의 모험》에서 톰과 허크는 그들이 목격한 살인에 대해 발설하지 않기로 맹세합니다. 하지만 양심의 가책을 느낀 후 톰은 억울하게 살인죄로 기소된 용의자를 위해 증언할 것을 결심합니다.

⑦ **개인의 성격이나 기호의 차이**: 사람마다 사생활의 비밀을 어느 정도까지 유지할 것인가에 대한 생각이 다릅니다.

- 정훈과 지성은 같은 고등학교의 학생입니다. 둘 다 많은 친구가 있고 이야기하는 것을 좋아합니다. 그러나 정훈이가 친구들과 어떤 주제에 대

해서든 이야기하는 반면, 지성은 말하지 않고 남겨 두는 그만의 비밀이 있습니다.

생각 넓히기 | 직업이 사생활 보호 행동에 미치는 영향은?

텔레비전 토크쇼를 가정한 역할극을 해 보겠습니다. 두 개의 직업 그룹이 있습니다. 한 그룹은 사생활을 보호하고 싶어 하는 직업을 가진 사람들이고, 또 다른 그룹은 다른 사람들의 사생활을 침범하거나 혹은 보호할 수 있는 직업을 가진 사람들입니다. 인터뷰어 2명이 한 그룹씩 맡아 그룹 사람들을 인터뷰하는 토크쇼를 진행합니다. 각 그룹은 상대 그룹이 토크쇼에 참여하는 동안 방청객 역할을 맡습니다. 방청객의 질문을 받는 시간도 있습니다.

● **인터뷰어**: 인터뷰를 하는 사람.

● **법조인**: 재판관, 검찰관, 변호사 등 법 관련 일에 종사하는 사람.

[그룹 1]
이들은 자신의 직업적 특성 때문에 사생활 보호가 얼마나 절실한지 설명해야 합니다.
- 마술사
- 배우
- 발명가
- 정치가
- 작가
- 법조인

[그룹 2]

이들은 자신의 직업적 특성 때문에 다른 이의 사생활을 침범하거나, 혹은 세심히 보호해야 함을 설명합니다.

- 신문기자
- 토크쇼 진행자
- 경찰관
- 의사
- 사설탐정
- 신경 전문의

생활에 적용하기

1. 나의 사생활 공개 점수를 매겨 봅시다. 홈페이지를 통해 공개해도 좋다고 생각하는 개인 정보에 체크합니다. 다른 친구들의 점수와도 비교해 보고 이야기 나누어 봅시다.

공개할 항목	공개 여부(O,X)	O나 X로 표시한 이유
나의 생일		
내 사진		
가족사진		
주소와 전화번호		
다니고 있는 학교 이름, 학년, 반		
종교 혹은 정치적 신념		

공개할 항목	공개 여부(O,X)	O나 X로 표시한 이유
취미		
좋아하는 연예인		
학교 성적		
일기나 수필 등 내가 쓴 글		
나의 사생활 공개 점수는? (동그라미당 10점씩) ( )점	0~20점: 사생활 보호에 만전을 기하고 계시군요! 30~50점: 활발한 의사소통에 관심이 많은 당신, 그러나 신상 정보가 흘러나가지 않도록 조금만 더 신경 쓰세요. 60~100점: 텔레 마케팅, 보이스 피싱, 각종 범죄에 노출될 가능성이 큽니다. 조심하세요!	

2. 이름이 널리 알려진 사람들은 그렇지 않은 사람들보다 사생활이 노출되는 경우가 많습니다. 스스로 밝히기도 하지만, 밝히고 싶지 않았던 사생활이나 범죄 혐의, 과거의 경력 등이 신문 기사나 방송을 통해 공개될 때도 있습니다. 이들이 유명인으로서 특별한 지위를 누리고 있고, 사회적인 영향력도 크기 때문에 드러나도 부끄럽지 않을 만큼 깨끗한 사생활을 유지해야 한다고 생각하는 사람들도 있습니다. 여러분의 생각은 어떤가요?

유명인	어떻게 생각합니까?	그 이유는 무엇입니까?
스포츠 선수	이들의 사생활을 공개하는 것은 (당연, 부당)하다	
가수, 배우		
정치인		

05. 사생활의 자유와 권리를 지키는 방법은 사회마다 어떻게 다른가요?

사생활 보호 행동은 사회마다 다를 수 있고, 같은 사회라도 세대에 따라, 혹은 개인에 따라 차이가 있습니다. 사생활 보호 행동의 다양성에 대해 살펴봅시다.

사생활의 자유와 권리를 유지하는 방법은 사회마다 다르다

13세기 탄호이저의 책 《궁정 매너》를 보면 중세의 궁정 사람들이 얼마나 예절 바르게 행동하려고 노력했는지 알 수 있습니다. 그중에는 '식사 도중 맨손으로 목을 긁지 마라. 정 긁고 싶다면 예절 바르게 네 옷을 사용해라' 라든지, '식사하면서 손가락으로 귀나 코를 후벼서는 안 된다', '나이프로 이를 쑤시지 마라', '식탁 위에 침을 뱉지 마라', '식탁보로 이를 닦으면 안

핵심 용어 알·아·두·기

• 궁정 사람들: 서양 중세 시대에 왕과 그 일가, 그리고 왕궁 안팎에 머물며 생활했던 귀족들.

• 빅토리아 시대: 영국의 빅토리아 여왕이 통치했던 1837년부터 1901년까지의 기간. 산업 혁명 이후 경제 발전이 성숙기에 도달했던 기간으로 대영 제국의 절정기로 여겨진다.

• 키부츠: 주민 대부분이 농업에 종사하며 재산은 모두가 공유한다. 성인은 개인 숙소에서 생활하지만 어린이는 대개 집단 양육한다. 요리와 식사도 공동으로 한다.

된다' 등의 상세한 지침도 있습니다. 아마 평범한 사람들은 식사하면서 나이프로 이를 쑤시는 행동쯤은 아무렇지 않게 했던 모양입니다. 중세의 식사 관습은 여럿이서 같은 그릇에 담긴 고기를 손으로 집어 먹고, 같은 잔으로 음료를 마시며, 같은 대접에 담긴 수프를 먹는 것이었습니다. 인간과 인간 사이에 두어야 할 최소한의 거리라든지 감정의 벽 같은 것은 거의 없어 보입니다.

반면 오늘날에는 누군가 필요 이상으로 가깝게 다가오기만 해도 불쾌해하거나 존중받지 못한다고 느끼기도 합니다. 중세에 아주 소수 사람만 지켰던 궁정 예절이 궁정 생활을 동경하는 사람들에 의해 점점 확산되었듯이 개인과 개인 간의 거리 역시 시간이 흐르면서 차츰 벌어지기 시작했습니다.

오늘날 사생활을 지키려는 행동은 어느 사회에서나 쉽게 볼 수 있습니다. 하지만 성장 과정과 사회적 배경, 세대에 따라 저마다 지키고자 하는 사생활의 대상 및 범위, 사생활을 지키는 방법 등은 차이가 있습니다. 어떤 사람은 자신의 나이를 비밀로 해야 한다고 생각하는 반면, 어떤 사람은 자신의 종교나 정치적 성향을 밝히고 싶어 하지 않습니다. 어떤 문화에서는 골목이나 거리에서 먹고 마시는 것이 자연스럽지만 어떤 문화에서는 그것을 무례하게 여기기 때문에 반드시 사적인 공간에서 식사합니다.

서로의 사생활을 지켜 주는 방법에도 차이가 있습니다. 방음이 잘되는 건물을 짓고 싶어도 기후가 너무 더우면 바람이 잘 통하는 개방적인 구조를 선택해야 합니다. 이런 사회에서는 다른 사람들의 말을 의도적으로 듣지 않거나, 듣고도 듣지 않은 척하는 관습이 있습니다.

이렇게 관습과 문화, 개인의 차이에 따라 사생활 보호 행동이 다르다는 점을 미처 이해하지 못하거나 차이를 알면서도 자신의 생각이 옳다고 고집한다면 분쟁과 다툼이 발생할 수 있습니다.

주니(Zuni) 부족은 미국 남서부 지역에 사는 원주민입니다. 이들은 보통 20명 남짓한 대가족이 8개 정도의 방을 가진 커다란 집에서 사는데, 딸이 결혼하면 남편도 처가로 데려옵니다. 거실, 부엌, 창고, 작업실 등을 공동으로 사용하지만 결혼한 딸은 그녀의 가족만을 위한 침실 겸 작업실이 있습니다. 이 방들은 각 방을 연결하는 문과 내부 창으로 연결되어 있기 때문에 집 안에서도 바깥 인근을 항상 관찰할 수 있습니다. 그래서 누군가 그 집을 방문하려 한다면 미리 알고 즉시 대처합니다.

주니 족이 가장 사적으로 여기는 장소는 종교와 관련된 신성한 물건이 안치된 저장실이나 각 침실의 저

주니 족의 소녀.

장고입니다. 이것을 만지는 것이 금지된 부족원들은 두려움과 존경심으로 정해진 규칙을 따르며, 외부에서 온 방문객에게는 이 물건이 안치된 장소에 들어가는 것조차 금지됩니다.

이 물건들은 엄격한 보호와 통제 속에서 종교의식에 사용됩니다. 참석이 허락되지 않은 주니 족의 일원이나 방문객을 제외한 상태에서라야 의식이 방해 없이 순조롭게 진행될 수 있고, 의식에 대한 정보 역시 밖으로 새어 나가지 않을 것입니다.

이 종교적 물건과 의식을 비밀에 부치기 위해 많은 방법이 동원됩니다. 특히 밤에는 창문을 통해 집 안을 들여다보는 일이 금지되어 있습니다. 1890년에는 밤에 창문으로 집 안을 들여다본 두 사람이 부족의 심판을 받고 몰매를 맞은 일이 있었습니다. 오늘날에도 거의 모든 주니 족의 가옥들은 야간 경비를 위해서 옥외등을 켜 놓고, 튼튼한 울타리를 세우고, 집 지키는 개를 두어 침입자를 경계합니다. 또한 의식이 진행되는 동안에는 집 안팎에 지키는 사람을 세워 둡니다. 금기에 대한 존중과 전통을 유지하려는 노력 덕분에 주니 공동체의 비밀은 잘 유지되고 있습니다.

1. 주니 부족이 지켜야 할 비밀은 무엇인가요?

2. 이 비밀을 누구로부터 지키고 있나요?

3. 주니 부족은 이 비밀을 어떠한 방법으로 지키나요?

4. 주니 부족은 왜 이것을 비밀에 부치려고 하나요? 자신의 생각을 말해 보세요.

생각 넓히기 ② 사생활을 지키는 것은 한낱 꿈인가?

근래에 와서 너나 할 것 없이 사생활권이 위협당하고 있습니다. 우리는 불필요한 소음이나 정보에 시달리거나, 회사나 정부가 하는 이런저런 질문에 괴로움을 느낍니다. 때로는 가장 깊숙한 곳의 감정까지 추궁당합니다. 국가는 사람들이 있는 그대로의 모습으로 자신들의 삶을 살도록 내버려 둘 순 없는 건가요? 우리는 모두 사생활 침해에 불만을 품고 있습니다. 그런데 왜 이러저러한 사생활 침해 행위들을 묵과하는 것일까요?

어느 날 밤, 나는 책상에 앉아 이 질문들의 답을 찾고자 깊은 생각에 빠져 있었습니다. 문득 맞은편 벽에 걸려 있던 브뤼헐(Brueghel)의 그림에 시선이 멈췄고, 웃음을 터트릴 수밖에 없었습니다. 그림 속의 인물들은 일터로 향하거나 일하고 있었는데, 딱 보기에도 많은 사람과 함께하기에 훨씬 더 즐거워하는 모습이었습니다.

피터르 브뤼헐의 작품 〈추수하는 사람들〉.

그들에겐 사생활을 보호받는 생활이 그리 필요하지 않은 것 같았습니다. 왜 그럴까요? 우리의 사생활 보호에 대한 갈망은 일시적인 것에 불과할 뿐 언젠가는 사라지고 마는 것일까요?

어린 시절 저는 공부를 할 때 사방이 조용해야 집중할 수 있었습니다. 하지만 저희 아이들은 문을 활짝 열어 놓고, 음악을 최대한 틀어 놓은 상태에서 공부를 가장 잘합니다. 정반대의 환경에서도 똑같이 집중을 잘할 수 있다는 것을 알지만 저는 왜 계속해서 조용한 환경을 원하고, 아이들은 왜 그것을 필요로 하지 않는 걸까요?

어쩌면 우리는 자신의 가치관을 잘 드러낼 수 있는 상황에서 능력도 가장 잘 발휘할 수 있는 것인지 모릅니다. 우리 세대는 가장 높은 수준의 개인주의를 지향하도록 고안된 학습 과제를 해결해야 했습니다. 그래서 각자를 유일한 존재로 만들고 개개인의 발전을 강조하는 학습 환경을 만들어야 했습니다.

같은 이유로 우리 아이들은 공부하는 중에도 공동체 의식을 지향할 필요가 있는 것입니다. 아이들에게 비틀스의 음악은 공부를 잘할 수 있도록 북돋는 존재입니다. 그 음악은 홀로 공부를 하는 순간에도 그들의 인생에 가장 중요한 것, 즉 또래와의 소통을 계속하고 있는 것 같은 느낌이 들게 해 줍니다.

빅토리아 시대를 살아오신 우리 부모님은 외식할 때면, 옆 테이블과 널찍이 떨어져 앉을 수 있는 식당을 선호하셨습니다. 요즘 젊은 세대는 많은 사람이 북적대는 좁은 공간에서 식사하는 것도 개의치

키부츠의 공동육아.

않습니다.

먼 옛날부터 '사생활을 보호받는 생활'은 소수 사람만 누리는 사치스러운 문화였습니다. 대부분 가정에서는 식구가 모두 한 방에서 살았고 사생활이란 게 거의 없었습니다. 부부 침실 하나와 아이들 전부를 위한 침실 하나를 갖추어 침실을 따로 쓰려면 부유층 중에서도 꽤 잘살아야 했습니다.

사회의 계층화가 심화할수록 선택받은 계층의 사생활에 대한 욕구는 더욱 높아집니다. 그러니 계층화되어 가는 사회의 흐름을 거부하고자 하는 비틀스 세대가 사생활 보호에의 욕구 또한 멀리하며, 그 어느 때보다 삶의 많은 부분을 공유하고자 하는 것은 이해할 만한 것입니다.

또한 모두가 서로의 모든 것을 알고 있다면 정보 수집이나 첩보 활동, 사람들이 무엇을 하고 무슨 말을 하며 무슨 생각을 하는지 도청할 필요도 없어집니다.

이스라엘의 집단 거주지 키부츠(Kibbutz)에서는 어떤 범죄나 비행, 반사회적 행동도 찾아볼 수 없습니다. 경찰이 필요하지

않아서 경찰도 없습니다. 왜냐하면 그곳의 삶은 집단적이고 열려 있기 때문입니다.

개인적으로는 키부츠를 방문했을 때 사생활 보호가 너무나 미흡했기 때문에 숨이 막힐 지경이었습니다. 그럼에도 불구하고 반사회적 행동을 성공적으로 막아 낸 모습은 저에게 중요한 깨달음을 주었습니다.

현대 도시에서 발생하는 온갖 흉흉한 범죄가 경찰력을 끝없이 늘린다고 해결되지는 않을 것입니다. 어쩌면 서로 좀 더 많이 나누고 알아 가며 자신의 개인 생활을 다소 양보하는 것이 가장 좋은 해결책이 될지도 모릅니다.

우리가 추구해야 할 것은 인간사의 모든 일이 그렇듯, 삶에서 사생활로 존중돼야 할 것과 공동체 생활로 인정해야 하는 것 사이의 올바른 균형을 이루는 것입니다.

참고: Bruno Bettelheim, 《The Saturday Evening Post》, 1968. 07. 07.

1. 작가의 설명을 따르면 세대 간의 사생활 보호 행동에는 어떤 차이가 있나요?

2. 위에서 제시한 여러 가지 행동 중에서 여러분의 사생활 보호 행동과 가장 가까운 것은 무엇인가요?

3. 키부츠의 생활 방식에 대해 작가는 어떻게 생각하고 있나요? 이러한 모습을 보고 작가가 깨달은 현대 도시 생활의 문제점과 그 답은 무엇인가요?

생활에 적용하기

1. 다음은 일상생활에서 종종 경험하게 되는 일입니다. 어떻게 행동할 것인지 결정해 보세요.

1) 제과점에서 경품 응모권을 받았습니다. 이름, 전화번호, 이메일 주소, 집 주소를 적어 응모함에 넣으면 추첨을 통해 경품을 준다고 합니다. 1등에 당첨되어 노트북을 받게 될지도 모른다는 생각에 응모권을 작성할까 말까 고민이 됩니다. 어떻게 할까요?

2) 음식점에서 회원 카드를 만들지 않겠느냐고 권유합니다. 회원이 되면 세 번째 왔을 때 사이드 메뉴를, 일곱 번째 왔을 때 정식 메뉴를 공짜로 준다고 합니다. 그 외에도 다양한 혜택이 있습니다. 회원 가입 양식을 보니 이름, 전화번호, 이메일 주소, 집 주소뿐만 아니라 주민등록번호도 적어야 합니다.

2. 예전에는 도서관에서 책을 빌릴 때 뒤표지 안쪽에 대출증이 붙어 있어 누가 언제 그 책을 빌려 읽었는지 알 수 있었습니다. 영화 〈러브레터〉에서는 주인공이 '누가 나를 좋아했었는지' 알아챌 때 대출증이 중요한 소재가 되었습니다. 요즘에는 대출 시스템이 기계화되어 누가 무슨 책을 빌렸는지 공개되지 않습니다. 그런 점에서 사생활 보호는 강화되었지만 정과 낭만이 사라졌다고 생각할 수도 있습니다. 이런 주제를 표현할 수 있는 소재를 찾아 조별로 이야기 만들기(스토리텔링)를 해 봅시다.

PART III

사생활의 자유와 권리의
보장에 따르는 이익과 대가

06. 사생활의 자유와 권리를 보호할 때 나타나는 결과는 무엇인가요?

07. 사생활 보호의 이익과 대가는 무엇인가요?

G20 정상회의를 앞두고 행사가 열리는 코엑스에 출입하는 시민들을 대상으로 금속 탐지기 검색을 하는 모습. 사생활의 비밀과 자유를 보호하는 데에는 일정한 이익과 대가가 따릅니다.

'사생활의 비밀과 자유'는 절대적으로 보호되는 권리가 아닙니다. 사회에 따라 일정한 제한이 따릅니다. 하지만 사회적 이익의 실현을 위해 개인의 생활을 어느 정도까지 제한해야 하는가에 대한 구체적인 기준은 깊이 있게 논의되어야 합니다.

이 단원에서는 '사생활의 비밀과 자유'를 보호해서 얻을 수 있는 이익과 치러야 할 대가를 고려하는 방법을 배웁니다. 이 단원을 공부하고 난 후에는 사생활을 보호했을 때 나타나는 여러 결과 사이에서 이익과 대가를 구분하고 이들 간의 균형을 이룰 방법을 모색할 수 있습니다.

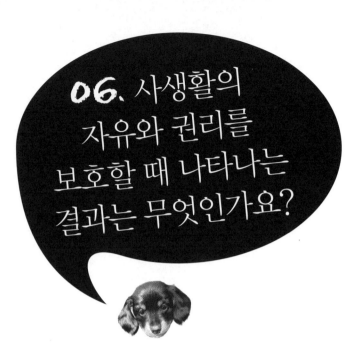

06. 사생활의 자유와 권리를 보호할 때 나타나는 결과는 무엇인가요?

학습길잡이

사생활의 자유와 권리에 대한 논쟁 문제를 살펴보고, 사생활을 보호할 때 얻을 수 있는 이익과 치러야 할 대가를 분류해 봅시다.

사생활 보호의 결과를 평가하는 것은 왜 중요한가?

사생활 보호 문제에 대한 결정을 내리기 전에 사생활 보호에 따른 결과가 어떨지 고려하는 것은 중요합니다. 사생활 보호에 따른 이익이 치러야 할 대가보다 중요합니까? 아니면 대가가 이익보다 더 중요합니까?

어떤 것이 더 중요한지 쉽게 결정할 수 없는 경우가 있습니다. 예를 들어, 학교에서 여러분의 개인 사물함을 아무나 함부로 열어 볼 수 없다는 규칙을 제정했다고 생각해 봅시다. 이 규칙으로 우리는 '사생활을 보호' 할 수 있고 '개인의 재산도 보호' 할 수 있습니다.

그러나 누군가 남의 물건을 훔쳐 자신의 사물함 속에 숨겨 둔다거나 학교에서 허락하지 않는 위험한 물건을 감추어 둔다면 이 규칙은 문제가 될 수 있습니다.

어떤 사람들은 사생활을 보호하는 이와 같은 규칙으로 얻는 이익이 치러야 할 대가보다 크다고 생각합니다. 또 다른 사람들은 대가가 이익보다 크다고 생각합니다. 그래서 사생활 보호에 관한 문제를 검토할 때 그에 따르는 이익과 대가를 따져 보아야 하는 것입니다.

생각 넓히기 ─ 사생활 보호에 따른 결과 조사하기

다음을 읽고 각각의 상황 속에서 '사생활의 자유와 권리' 를 보호할 때 나타나는 결과를 적어 봅시다.

◎ 만약 경찰이 아무 때나 예고 없이 방문하여 수사에 필요한 자료를 수색하고 압수해 간다면 사람들의 사적 생활은 보호받기 어려울 것입니다. 경찰은 믿을 만한 정보를 바탕으로 판사를 설득해서 압수·수색 영장을 발부받아야 합니다. 압수·수색 영장에는 피고인의 성명, 죄명, 압수할 물건, 수색할 장소, 발부 연월일, 유효기간을 기록하게 되어 있습

니다. 영장에 표시된 기간이 지나면 집행에 착수하지 못하고 영장을 반환해야 합니다.

- 이때 국민이 얻는 이익은 무엇입니까?
- 이때 국민이 치러야 할 대가는 무엇입니까?

◎ 정신 의학자, 심리학자, 그리고 다른 상담가들은 그들의 환자 및 의뢰인의 자료와 기록을 보호해야 합니다. 이러한 자료와 기록은 아주 비밀스러운 것이고, 어떤 상황에서도 누출되지 않아야 합니다.

- 이때 환자 및 의뢰인이 얻는 이익은 무엇입니까?
- 이때 환자 및 의뢰인이 치러야 할 대가는 무엇입니까?

◎ 유리는 부모님이 이혼하기로 했다는 말을 듣고 밤새 울고 또 울었습니다. 학교에서도 온통 그 생각에 사로잡혀 마음이 편치 않았습니다. 유리의 얼굴을 보며 친구들이 무슨 일이 있느냐고 물었지만 유리는 아무 일도 없다고 이야기했습니다.

- 이때 유리가 얻는 이익은 무엇입니까?
- 이때 유리가 치러야 할 대가는 무엇입니까?

사생활 보호로 얻는 이익과
치러야 하는 대가

'사생활의 자유와 권리'를 보호하는 데 따르는 가장 일반적인 이익과 대가에 대해 알아보겠습니다.

★ 사생활 보호로 얻는 이익

① 사생활의 자유와 권리가 보장되면 우리는 자유롭게 생활할 수 있습니다.

사적인 장소에서 나누는 대화를 누군가가 도청하고 비밀리에 우리의 행동을 감시하고 있다고 생각해 봅시다. 어떤 사람도 자유로이 자신의 생각대로 말하고 행동할 수 없을 것입니다. 사생활의 자유와 권리가 보장되면 다른 사람의 부당한 간섭이나 참견 없이 우리가 원하는 대로 자유롭게 생각하고 행동할 수 있습니다. 이는 우리 사회가 독재나 국가 권력에 의해 모든 것이 결정되는 전체주의 사회로 가는 것을 막아 주는 보호막입니다.

② 사생활의 자유와 권리가 보장되면 우리는 편안하고 안전하다고 느끼며 생활할 것입니다.

만약 가족과 친구들이 우리의 사생활의 자유와 권리를 존중해 준다면, 우리는 혼자 있고 싶을 때 방해받지 않고 하고 싶은 행동을 할 것입니다. 또한 비밀로 간직하고 싶은 사생활을 지킬 수 있을 것입니다. 사생활의 자유와 권리가 존중된다면 사람들은 마음 편하게 안전감을 느끼면서 생활할 수 있습니다.

③ 사생활의 자유와 권리가 보장되면 우리는 개성을 마음껏 드러내며 생활할 것입니다.

역사적으로 전체주의 사회는 개인에게 사생활의 자유와 권리를 허용하지 않았습니다. 이런 현상은 오늘날에도 종종 찾아볼 수 있습니다. 이런 사회에서 사람들은 자신의 개성을 드러내기보다는 자신이 속한 사회의 주된 가치를 따르고 지도자들이 원하는 대로 행동합니다. 사생활의 자유와 권리가 없다면 우리는 외부의 압력 때문에 자신만의 가치와 신념, 주장을 형성하지 못합니다.

④ 사생활의 자유와 권리가 보장되면 경제적 이익이 보호됩니다.

큰돈을 벌 수 있는 새로운 체육복을 디자인했다고 가정해 봅시다. 실제로 만들어 팔 준비를 끝낼 때까지는 이 사실을 비밀로 유지해야 합니다. 그래야 다른 사람들이 도용하는 것을 막을 수 있습니다. 사생활의 자유와 권리는 특별한 계획, 산업 아이디어, 발명 등을 보호해 줍니다.

⑤ 사생활의 자유와 권리가 보장되면 우리는 더욱더 창의성을 발휘할 수 있습니다.

그림을 그리고 있는데, 누군가가 어깨너머로 계속 그림을 지켜보고 있다고 상상해 봅시다. 당신은 감시받는다고 느끼거나 그 사람이 그림에 대해 어떻게 생각하고 있을지 걱정하게 될 것입니다. 주변에서 누가 시끄럽게 떠들거나 그림에 대해 계속 질문할 때도 마찬가지로 방해될 것입니다. 그래서 독창적인 생각과 일을 할 때 사생활의 자유와 권리는 꼭 필요합니다.

⑥ 사생활의 자유와 권리가 보장되면 우리는 다른 사람들과의 관계에서 더 쉽게 친밀감을 느낄 수 있습니다.

친구와 둘이서만 이야기를 하고 싶은데 그럴 공간이 없다거나 메시지를 주고받을 방법이 없다면 얼마나 불편할까요? 친구와의 친밀한 관계를 유지하기도 어려울 것입니다. 사생활의 자유와 권리는 다른 사람들과 따뜻하고 애정 어린 관계를 발전시키는 데 필수적입니다.

사생활 보호로 얻는 이익을 확인하고 설명하기

다음 질문에 답해 보고 여러분의 생각을 예로 들어 설명해 봅시다.

1. 창조적으로 무언가를 하고자 할 때, 어떤 조건이 필요하다고 생각하나요?

    1) 창조적인 일을 할 수 있는 공간.

    2) _____

    3) _____

2. 나의 자유를 방해하는 외부의 압력이 학교나 사회에 존재한다고 생각하나요? 만약 그렇다면 어떤 경우에 그런가요?

    1) 학교에서 도난 사건이 발생하면 선생님이 학급 구성원 모두의 가방을 검사한다.

    2) _____

    3) _____

3. 어떻게 해야 학교나 사회의 압력에서 벗어나 자유롭게 우리의 생각, 느낌, 생활 방식을 발전시킬 수 있을까요? 2번에 적은 사례 중 하나를 골라 대처 방안을 말해 봅시다.

★ 사생활 보호로 치러야 하는 대가

① 지나친 사생활의 보호는 외로움과 소원함을 유발합니다.

누구와도 자신의 사적 감정을 나누지 않는다고 상상해 보세요. 나를 이해해 주고 공감해 주는 사람이 없다면 감정은 단절되고 외로워질 것입니다. 과도하게 사생활을 보호하게 되면 외로워지고 사람들과의 관계도 소원(疏遠)해질 수 있습니다.

② 지나친 사생활의 보호는 지적 자극과 성장의 손실을 줍니다.

남들의 비웃음이 걱정되어 자신의 의견이나 느낌을 드러내지 못하는 경우가 있습니다. 그러면 다른 사람들과의 의견 교환이 이루어지지 못해 지적으로 성장하기 어렵습니다. 우리는 교류를 통해 잘못된 생각을 고치고 새로운 아이디어를 얻게 됩니다. 지나친 사생활 보호는 이러한 기회를 없앨 수 있습니다.

③ 지나친 사생활의 보호는 잘못된 행동과 불법을 발생시킵니다.

감시하거나 제재하는 사람이 아무도 없다면 사람들은 쉽게 범죄를 계획하고 범죄의 증거를 간단히 은폐할 수 있을 것입니다. 그래서 사생활의 철저한 보호는 위법 행위를 숨기고 적발되지 않도록 해 주는 수단으로 악용될 수 있습니다.

④ 지나친 사생활의 보호는 금전적 비용을 증가시킵니다.

만약 사생활 존중을 위해서 회사가 각 사원에게 독립된 사무 공간을 제공하려 한다면 큰 사무실 공간 하나를 마련하는 것보다 훨씬 큰 비용을 치러야 할 것입니다. 가족들이 모두 각자의 공간을 가지려면 더욱더 큰 집이 필요하듯 말입니다. 사생활의 공간을 확보하는 것은 금전적 비용을 증가시킵니다.

⑤ 지나친 사생활의 보호는 책임 의식을 부족하게 합니다.

감독관이 없다면 사람들은 일할 때 정해진 방식대로 일하지 않고 손쉽지만 위험한 자기만의 방법으로 일하거나 몰래 기물을 훔칠 수도 있습니다. 무슨 일이 있었는지 밝힐 수 없거나 누구에게 책임이 있는지도 증명할 방법이 없을 것입니다. 사생활이 보호되면 사람들의 행동은 다른 사람들에게 쉽게 노출되지 않습니다. 그 결과 잘못된 행동을 한 사람이 어떤 책임도 지지 않고 생활할 수도 있습니다.

생활에 적용하기

1. 사생활을 지나치게 보호하면 자신의 능력을 창조적으로 발전시키는 데 방해가 되나요?

2. 사생활을 지나치게 보호하는 것은 다른 사람과의 관계를 발전시키는 데 어떤 어려움을 주나요?

3. 사생활을 지나치게 보호할 때 증가할 수 있는 비용에는 또 무엇이 있나요?

4. 지나친 사생활 보호 때문에 발생한 잘못된 행동이나 불법행위, 책임 의식 부족 문제에 대해 알고 있는 사례를 들어 봅시다.

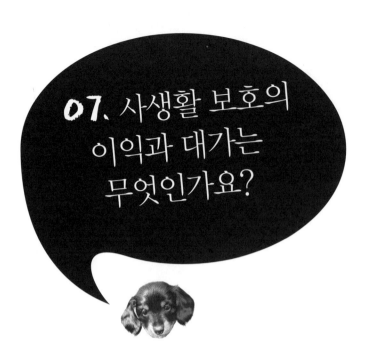

07. 사생활 보호의 이익과 대가는 무엇인가요?

특정 사례 속에서 사생활 보호에 따른 이익과 대가를 찾아보고 각각의 중요성을 비교, 판단, 평가해 봅니다. 사생활 보호에 따른 이익과 대가를 명료하게 구분해 보고 사생활 보호 문제에 대한 자신의 입장을 정리해 봅시다.

핵심 용어 알·아·두·기

• 빅 브라더: 조지 오웰의 소설 《1984》에 등장하는 감시자. 정보의 독점으로 사회를 통제하는 관리 권력, 혹은 그러한 사회 체계를 일컫는 말.

• 《주홍 글씨》: 대니얼 호손의 대표작. 소설 속에서 여주인공 헤스터는 목사와 간음한 죄로 평생 가슴에 주홍색으로 쓰인 A(간통을 의미하는 Adultery의 약자)를 달고 살아감. 주홍 글씨는 그 사람을 따라다니는 죄인의 꼬리표라는 의미.

사생활 보호의 이익과 대가는 무엇인가?

만약 이 세상에 '사람의 마음을 읽는 기계'가 등장한다면 어떤 일이 벌어질까요? 아마도 비밀이 없는 세상이 될 것입니다. 비밀이 없는 세상, 생각만 해도 환상적입니다. 신문이나 뉴스를 화려하게 장식했던 온갖 비리나 스캔들도 없어져서 투명한 사회가 될 것이고 범죄자를 미리 색출해 사회 안전과 질서도 지킬 수 있을 것입니다.

사람의 마음을 읽는 기계인 '몰인텐트(Malintent, 'malicious' 와 'intention' 의 합성어로, '나쁜 의도를 가진 사람' 이라는 뜻의 신조어) 시스템' 이 이미 개발되어 시험 가동 중이라고 합니다. 이 시스템은 사람들이 공항이나 주요 시설의 카메라와 센서 앞을 지나갈 때 심박, 호흡, 체온을 체크하여 테러리스트 용의자를 찾아낼 수 있다고 합니다.

그러나 안전하고 투명한 사회를 만들기 위해 치러야 할 대가는 없을까요? 악한 의도가 없는 대부분의 선량한 사람들은 이 시스템 앞에서 자신의 신체 상태를 고스란히 노출해야 합니다. 사람의 신체 리듬은 다양한 이유로 바뀔 수 있는데 호흡이 가빠졌다는 이유로 범죄자 취급을 받게 될 수도 있습니다.

우리는 이럴 때 어떤 선택을 해야 합니까? 사회의 안전을 위해 개인의 정보를 국가 권력에 조건 없이 넘겨주어야 합니까? 아니면 사생활 보호와 자유의 가치를 주장하며 사회 안전을 지키기 위한 다른 방법을 모색하라고 요구해야 합니까?

생각 넓히기 ① 내 얼굴이 찍힌 CCTV, 누가 지켜볼까?

집을 나서는 순간부터 도로, 공항, 은행, 지하철, 회사 등 거의 모든 장소에서 CCTV가 우리의 일거수일투족을 촬영하고 저장한다. 최근 들어 디지털 기술의 발달로 감시의 수준이 더욱 높아지고 있어 프라이버시 침해에 대한 우려도 커지고 있다.

노트북에 설치된 웹 카메라, 비디오 게임에 설치된 모션 센서, 스마트폰에 설치된 카메라, 전자 여권, 유료 도로와 고속

63

다양한 장소에서 CCTV에 찍힌 모습.

시스템을 이용해 상점에 온 사람들의 얼굴과 그가 관심을 보이거나 구매한 상품을 기억한 뒤, 그가 다시 상점을 방문했을 때 취향에 맞춰 개별 광고를 보여 주어 구매를 유도하는 기능이 있다. 즉 소비자가 상점을 방문해서 떠날 때까지 모든 행동을 디지털 센서에 기록·저장하고 이 기록을 상품 판매 증가를 위한 도구로 사용하는 것이다.

이처럼 상점과 광고 회사들이 첨단 기기를 동원해 소비를 더욱 부추기고 유혹하는 동안 당사자인 소비자는 자신의 모습이 촬영·저장되고 있다는 것도 알지 못한 채 프라이버시가 침해되고 있다.

방범을 목적으로 곳곳에 설치한 CCTV도 문제다. 지방자치단체, 경찰, 사설 경비업체, 회사, 개인 등 다양한 단체와 사람들이 CCTV를 저마다 다른 목적으로 설치, 운영하다 보니 일반인들의 사생활이 고스란히 담긴 이 데이터가 어떻게 관리되고 있는지조차 알 수 없는 상황이다.

정부는 개인의 동의 없이 무차별적으로 이루어지는 감시 활동을 막기 위한 기술

도로에 설치된 하이패스, 회사 출입증 등은 우리 생활의 거의 모든 영역을 디지털 센서를 통해 기록하고 저장한다. 특히 디지털 기술의 발달로 디지털 센서를 이용한 기기들의 가격이 대폭 하락하면서 기기의 보급은 더욱 증가했고, 일상생활의 거의 모든 부분이 디지털 센서에 노출되는 일도 가능해졌다.

어떤 회사는 상점 설치용 디지털 광고판을 개발했는데 이 광고판은 얼굴 인식

적인 장치를 개발해야 한다. 또한 감시 활동을 통해 획득한 개인의 정보가 안전하게 관리될 수 있도록 법적, 제도적 장치를 마련해야 할 것이다.

참고: 〈당신의 얼굴이 찍힌 CCTV, 누가 지켜볼까?〉, 《프레시안》, 2011. 02. 01.

1. 상업적 용도의 CCTV 촬영으로 얻을 수 있는 이익과 대가는 무엇인가요?

2. 방범 용도의 CCTV 촬영으로 얻을 수 있는 이익과 대가는 무엇인가요?

3. 사생활 보호에 따른 이익과 대가의 목록을 보고, 이익과 대가 각각의 중요도를 고려해 CCTV에 관한 자신의 견해를 결정합시다. 자신의 견해를 논술로 작성해 발표해 보세요.

생각 넓히기 ② 점점 더 현실화하는 '1984년'의 세계

이제는 '눈(眼)'이다 – 멕시코 리온 시의 홍채 인식 시스템

일상의 모든 업무가 눈(眼)만으로 되는 세상. 신분증도 필요 없고 신용카드도 필요 없는 세상. 출입증이나 회원증, 현금도 필요 없고 궁극적으로는 지갑도 들고 다닐 필요가 없는 세상. 〈마이너리티 리포트〉나 〈가타카〉 같은 과학 영화 속의 이야기가 아니다. 바로 지금, 현실에서 벌어지는 상황이다. 우리 눈이 그 모든 신원 확인증을 대체할 것 같기 때문이다.

멕시코의 리온(Leon) 시는 생체 인식 기술업체인 호요스로부터 대량의 홍채 판독기를 사들이기로 했다. 리온 시는 우선 경

휴대용 홍채 판독기로 홍채 인식을 하는 모습.

행한 도시는 없었다.

둘째, 호요스가 제공하는 홍채 판독 장비가 기존의 것들보다 훨씬 빠르고 효율적이라는 점이다. 출입문 위에 아치형으로 설치되는 대형 판독기는 마스크로 얼굴을 가리거나 선글라스를 껴도, 심지어 시속 5km로 빠르게 걸어 지나가도 인식에 문제가 없으며, 1분당 50명까지 빠르게 판독한다.

홍채 데이터베이스를 활용한 광고 마케팅의 가능성도 막대할 것으로 전망된다. 모든 시민의 홍채 정보가 데이터베이스화되어 있으므로 그들의 눈이 어떤 광고나 웹사이트에 주목하고, 그 주목도가 특정 상품 구매와 어떻게 연계되는지 곧바로 알아낼 수 있기 때문이다. 또한 전과가 있거나 주의해야 할 인물들의 일거수일투족을 언제라도 추적할 수 있다. 신분증이나 신용카드를 도용하는 것은 아예 불가능해질 것이다.

찰 및 보안 업무와 연관된 기관이나 시설에 이 장비를 설치하고, 앞으로 3년 안에 대다수 상업용 건물에까지 확대할 계획이다. 가게나 쇼핑몰에 들어갈 때, 현금 자동 인출기(ATM)에 접속할 때, 대중교통수단을 이용할 때, 지하 주차장에 들어가고 나올 때, 혹은 신용카드나 별도의 출입증이 요구되는 모든 상거래에 사용될 것이다.

홍채 판독으로 신원을 인식하는 기술이 갑자기 나타난 새 기술이 아님에도 리온 시의 시도가 주목을 받는 이유는 두 가지 때문이다.

첫째, 그 기술의 시행 규모가 유례없이 크다. 리온 시는 인구만 150만 명이 넘는 멕시코의 10대 도시 중 하나인데 일찍이 이보다 더 큰 규모로 생체 인식을 본격 시

문제는 프라이버시다

우리의 프라이버시는 과거 그 어느 때

보다도 입지가 좁아진 것 같다. 구글은 비록 익명의 상태이기는 하지만 그 이용자들의 이메일을 다 읽고 있고, 페이스북은 그 이용자의 이메일 주소는 물론 포스팅한 내용을 토대로 광고를 뿌려대고 있으며, 은행과 신용카드사는 고객의 구매 정보를 때로 본인보다 더 정확하게 추적하고 기록한다. 평소에는 '내 프라이버시는 중요하다'라고 강조하다가도 할인이나 싸구려 사은품을 준다는 말에 혹해 개인 정보를 서슴없이 제공해 버리는 사람들의 모순적 심리도 프라이버시 보호에 별 도움이 되지 않는 것은 물론이다. 그런 맥락에서 볼 때 홍채 인식 시스템이 종래의 신용카드나 신분증보다 더 편리하고 강력하며 더 안전하다는 중론이 자리 잡는다면

그것이 각종 플라스틱 카드를 보완하거나 대체하는 속도는 예상보다 훨씬 빠를 수도 있다.

그렇다면 진정한 과제는 홍채 인식 시스템의 도입을 어떻게 막느냐가 아니라 도입하는 과정에서 개개인에게 정보의 공개 여부와 공개 정도를 결정할 권리를 보장하는 일일 것이다. 홍채 데이터베이스가 돌이킬 수 없는 '주홍 글씨'로 작용하는 것을 적절히 제어하고 수정할 수 있는 권한이 개인에게 주어져야 한다. 프라이버시란 결국 절대적 가치가 아니라 개별적 상황과 맥락, 사회적 가치와 문화의 스펙트럼에 따른 '상대적 균형 잡기'이기 때문이다.

참고: 〈점점 더 현실화하는 '1984년의 사회'〉, 《아이뉴스24》, 2010. 11. 23.

1. 홍채 인식 시스템이란 무엇인가요?

2. 홍채 인식 시스템을 도입해서 얻을 수 있는 이익은 무엇인가요?

3. 홍채 인식 시스템을 도입했을 때 치러야 할 대가는 무엇인가요?

4. 이 글의 필자가 홍채 인식 시스템에 대해 가진 견해는 무엇인가요? 그에 대한 자신의 견해는 어떤지도 적어 봅시다.

생활에 적용하기

1. 다음은 영국의 프라이버시 인터내셔널과 미국의 전자 프라이버시 정보 센터가 공개한 '각국의 사생활 보호 수준의 순위(2007)'를 나타낸 것입니다. 순위는 인터넷에서의 통제와 감시, 지문 채취, 위치 추적, 금융 기록 및 개인 신상 정보에 대한 국가 기관의 통제 정도 그리고 프라이버시 보호를 위한 법률적 장치의 존재 여부를 기준으로 학자와 시민운동가 그리고 언론계 인물 등 200여 명의 전문가가 매긴 것입니다. 사생활 보호의 수준이 높은 나라와 그렇지 않은 나라를 구분하여 빈칸에 적어 봅시다.

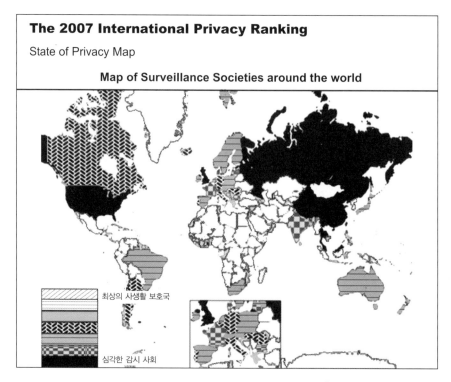

The 2007 International Privacy Ranking

State of Privacy Map

Map of Surveillance Societies around the world

최상의 사생활 보호국

심각한 감시 사회

참고: www.privacyinternational.org

사생활 보호의 수준이 높은 지역(나라)	사생활 보호의 수준이 낮은 지역(나라)
	유럽과 남아메리카 지역 (잉글랜드, 웨일스, 말레이시아, 중국, 러시아, 싱가포르, 타이완, 태국, 미국)

2. 사생활 보호의 수준이 낮은 나라들이 국민의 사생활을 충분히 보호하지 않는 이유는 무엇이라고 생각하나요?

PART Ⅳ

사생활 보호의 범위와 한계

공항 보안 검색대에서 소지품을 검사받고 있는 사람들. 사생활 보호가 다른 가치와 충돌할 경우 사생활 침해를 감내해야 할 때가 있습니다.

이 단원에서는 사생활 보호의 범위와 한계에 대한 쟁점 문제를 다룹니다. 개인에게는 자신과 관련된 정보를 스스로 통제할 수 있는 권리가 있는데, 이 정보를 수집·축적·결합·활용·유포하는 주체가 본인이 아닌 타인일 경우 사생활과 관련된 쟁점 문제가 발생하기 쉽습니다. 상황에 따라 사생활 보호를 최우선으로 해야 하는 때도 있고, 중요한 다른 가치를 위해 사생활 침해를 다소 감내해야 하는 때도 있습니다. 이 단원에는 어느 쪽을 선택하는 것이 옳은지 분명하지 않을 때 적용해 볼 수 있는 분석표가 있습니다. 쟁점을 분석표에 적용하는 방법을 익히고 그것을 활용하여 자신의 견해를 논리적으로 정리해 봅니다.

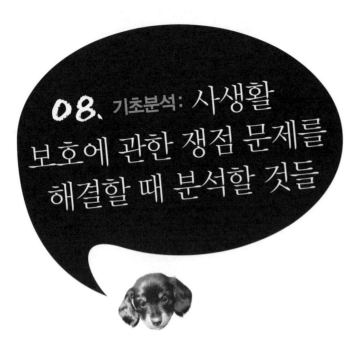

08. 기초분석: 사생활 보호에 관한 쟁점 문제를 해결할 때 분석할 것들

핵심 용어 알·아·두·기

- 영장: 법률상 특정인에게 어떤 행위를 하거나 또는 공무를 수행할 수 있는 권한을 부여하는 권능(權能)을 기재한 서면.

- 발부: 증명서 따위를 발행하여 줌.

- 영위: 일을 꾸려 나감.

- 피의자: 범죄를 저질렀을 것으로 의심되는 사람.

- 사찰: 남의 행동을 몰래 엿보아 살핌. 주로 사상적(思想的)인 동태를 조사하고 처리하던 경찰의 한 직분.

- 진정: 중앙이나 지방의 공적 (公的) 기관에 어떤 사항에 대한 의견 및 희망을 제출하는 일.

학 습 길 잡 이

사생활 보호 문제를 둘러싸고 의견 충돌이 발생한 몇 가지 경우를 예로 들어 기초분석을 해 봅니다. 사생활 보호 문제와 관련이 있는 쟁점을 다룰 때 파악해야 할 기본적인 사항을 알 수 있습니다.

경찰이 우리 집에 마음대로 들어올 수 있는 경우

지호는 장래에 경찰관이 되고 싶습니다. 지난 방학 때에는 집 근처 경찰서에서 문서를 정리하는 봉사 활동을 하기도 했습니다. 그래서 지호는 "열심히 한다"며 자신을 칭찬해 주셨던 경찰관 아저씨를 저녁 식사에 초대했습니다. 식사를 하면서 경찰관이라는 직업의 장점과 단점에 대해 인터뷰하고 '장래희망

포트폴리오'에 그 내용을 정리했습니다.

이런 특별한 경우를 제외하고, 경찰이나 정부의 관리가 우리 집에 들어올 수 있는 경우를 찾아봅시다. 화재와 같은 위급 상황이 발생했을 때 소방관은 허락받지 않고도 우리 집에 들어올 수 있습니다. 경찰은 범행이 시작되는 것을 막기 위해, 혹은 범인을 잡기 위해 누군가의 집에 들어가기도 합니다. 그러나 이런 경우를 제외한다면 개인과 가족의 사생활이 영위되는 공간에 누군가가 쉽게 들어오는 것을 원하는 사람은 없을 것입니다.

우리나라 헌법 제16조는 "모든 국민은 주거의 자유를 침해받지 아니한다. 주거에 대한 압수나 수색을 할 때에는 검사의 신청에 의하여 법관이 발부한 영장을 제시하여야 한다"라고 명시하고 있습니다. 즉 경찰이 여러분의 집에 들어와 컴퓨터 본체를 가져간다든지 책상 서랍 속에서 증거물을 찾아내고 싶다면 검사는 우선 범죄의 증거가 집 안에 있을 것이라는 확실한 근거를 법관에게 제시해야 합니다. 그리고 법관은 이 압수·수색 활동이 증거를 찾는 데 반드시 필요한 것인지를 판단하여 영장을 발부합니다.

압수·수색의 절차를 이렇게 까다롭게 만든 이유는 일반 시민이 근거 없는 수사나 강압적인 분위기 때문에 위협감을 느끼지 않고 안정되고 평온한 생활과 주거의 자유를 최대한 누리도록 하기 위해서입니다.

생각 넓히기   **시민의 한 사람이자, 피의자인 김보스**

우리나라는 헌법 17조에 "모든 국민은 사생활의 비밀과 자유를 침해받지 아니한다"라고 명시하고 있습니다. 그래서 김보스 씨는 사생활의

● **포트폴리오**: 학습한 내용이나 작품, 사회적인 활동 등 자신의 이력을 소개할 수 있는 다양한 자료들을 모은 것.

비밀과 자유를 마음껏 누리고 있습니다. 집에서 편안한 옷을 입고 자유롭게 행동하며, 선거 때 누구에게 투표했는지 아무에게도 말하지 않았습니다. 인터넷 토론 게시판에도 정부의 정책에 대해 말하고 싶은 것을 자유롭게 씁니다. 만약 사생활이 제대로 보호받지 못한다면 김보스 씨를 비롯한 모든 시민의 자유는 크게 위축될 것입니다.

그런데 경찰은 범죄 조직의 두목으로 그를 의심하고 있습니다. 그의 집에서 현금 5억 원을 찾아낸다면 마약을 대량으로 거래한 증거를 확보할 수 있습니다. 아직 밝혀내지는 못했지만 다른 많은 범죄도 그가 저지른 것 같습니다. 경찰은 결정적인 증거를 찾고 김보스를 체포하여 더 이상의 범죄를 막고 싶습니다. 그러기 위해서는 그의 말과 행동에 대한 상세한 정보가 필요합니다. 그러나 '사생활의 비밀과 자유'도 보장해야 하기 때문에 수사하는 데 어려움이 있습니다.

1. 위 상황에서 '사생활의 비밀과 자유'에 대립하는 가치는 무엇인가요?

2. 범죄를 감추는 수단으로 '사생활의 비밀과 자유'를 이용하는 상황에 대비하려면 규칙을 정해야 할까요? 정해야 한다면 규칙의 내용은 어떠해야 할까요?

사생활 보호와 관련된 쟁점을 분석할 때 고려해야 할 점

이처럼 사생활 보호는 다른 중요한 가치나 이익과 대립할 수 있습니다. 특히 사생활 침해의 소지가 있는 법률을 만들거나 시행할 때, 여러 대립하는 가치 사이에서 균형을 찾기 위해서는 다음 사항을 고려해 보아야 합니다.

★ 동의(Consent): 사생활 보호 문제와 관련이 있는 사람들이 자신의 사생활 침해에 동의했습니까?

- 경찰이 지혜의 집과 차를 수색해도 괜찮겠냐고 물었을 때, 지혜는 '네, 그러세요. 좀 불편하지만 수사에 협조하고 싶네요' 라고 말했습니다.
- 비행기를 타려고 하는 사람들은 공항 보안 검색대를 반드시 통과해야 한다는 것을 알고 있습니다. 보안 검색 요원은 개인의 소지품을 엑스레이(X-ray)로 살펴보고 신체를 금속 탐지기로 검사합니다. 만약 보안 검색으로 사생활이 침해되는 것을 원하지 않는다면 비행기 여행을 선택하지 않을 것입니다. 따라서 비행기를 타러 왔다는 것은 보안 검색에 동의한 것이라 할 수 있습니다.
- 선거에 나가려고 하거나 정부의 고위직에 오르려는 사람들은 자신의 과거 경력과 행동이 낱낱이 드러나게 될 것을 알고 있습니다. 그들이 만약 출마를 포기하거나 공직에 오르지 않으면 사생활이 침해당하는 것도 피할 수 있습니다. 따라서 그들은 정보 공개 여부를 스스로 결정한 것이라 할 수 있습니다.

★ 적법성(Legality): 타인의 사생활을 침해하는 사람은 그렇게 할 수 있는

권리를 합법적으로 부여받았습니까?

- 법관이 발부한 수색 영장은 그 수색 영장에 적혀 있는 장소를 조사하기 위한 합법적인 권한을 경찰에 부여합니다.
- 인천공항의 세관 공무원은 해외여행 후 입국하는 어떤 사람의 짐이라도 조사할 수 있는 합법적인 권한이 있습니다.
- '공공 기관의 정보 공개에 관한 법률'에 따라 모든 국민은 공공 기관이 보유·관리하는 정보를 공개 청구하여 열람할 수 있습니다. 단 다른 법률에 의하여 비밀 또는 비공개 사항으로 규정된 정보나 개인의 사생활의 비밀 및 자유를 침해할 우려가 있는 정보는 공개되지 않습니다.

★ 법적인 의무: 다른 사람의 비밀을 보호해야 할 법적인 의무가 있는 사람들도 있습니다.

- 우리나라 형법 317조는 의사, 한의사, 약사, 변호사 등의 직업을 가진 사람들이 직업과 관련된 일을 처리하던 중 알게 된 타인의 비밀을 누설할 경우 3년 이하의 징역이나 금고, 10년 이하의 자격정지 또는 벌금에 처하도록 하고 있습니다.
- 어떤 비밀을 지키기로 약속하고 계약서를 썼다면 비밀을 유지해야 하는 법적 의무가 생깁니다.
- 경찰은 영장 없이 가택을 수색해서는 안 되며 시민의 사생활을 보호해야 할 법적 의무를 갖고 있습니다.

★ 도의적 책임: 일반적으로 누구에게나 다른 사람의 사생활을 최대한 존중하고 보호할 도의적 책임이 있습니다.

- 은정이는 동생의 책상 위에 일기장이 놓여 있는 것을 보고 호기심이 생겼지만 양심상 읽지 않았습니다.

- 의사가 환자를 진료하면서 알게 된 사적인 사항에 대해 비밀을 지키는 것은 법적인 의무인 동시에 도의적인 책임입니다.

- 비밀을 지킬 것을 약속한 사람에게는 비밀을 발설하지 않을 도의적 책임이 생깁니다.

- 박사랑 씨는 암 투병 중인 남편을 간호하고 있지만 남편이 자신의 병명을 알게 되면 절망에 빠질까 봐 병명을 비밀로 해 달라고 의사에게 부탁했습니다. 의사는 박사랑 씨의 의견을 받아들여 당분간 비밀을 유지하기로 했습니다.

● **기무사:** 국군기무사령부. 군사에 관한 정보를 수집하고 범죄를 수사하는 국방부 직할의 군 수사정보기관.

생각 넓히기   불법 사찰

기무사 수사관 신 모 대위는 2009년 8월, 어느 자동차 회사의 파업 집회 현장에서 비디오 촬영을 하다가 집회 참가자들에게 발각되었습니다. 그의 수첩과 촬영 테이프, 메모리칩 등을 빼앗아 확인해 보니 민주노동당 당직자와 시민 단체 관계자들의 거주지와 사무실은 물론 일상생활을 몰래 촬영한 사진과 영상이 담겨 있었습니다. 이에 15명의 피해자는 "불법 사찰로 인한 피해에 대해 국가가 1인당 2,000만 원씩 배상하라"며 소송을 냈고, 재판에서 이겼습니다.

재판부는 판결문에서 "기무사는 법령에 따라 군과 관련된 첩보 수집이나 군대와 관련된 범죄를 수사하는 기관이다. 그런데 그 범위를 벗어나 민간인들을 대상

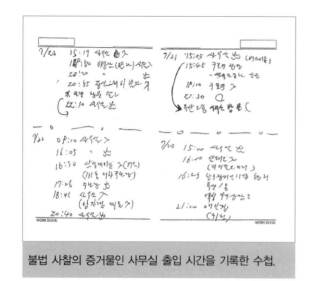

불법 사찰의 증거물인 사무실 출입 시간을 기록한 수첩.

이나 사생활에 관한 정보를 비밀리에 수집·관리했다면 이는 헌법에 의해 보장된 기본권을 침해한 것이다. 기무사 수사관들이 고의 또는 과실로 사생활의 자유와 비밀을 침해하여 원고들에게 정신적 손해를 가한 것에 대해, 국가는 배상할 책임이 있다(대법원 96다42789)"고 밝혔습니다.

으로 동향을 감시·파악하기 위해 지속적으로 개인의 집회·결사에 관한 활동

참고: 〈기무사 민간인 불법사찰, 국가배상책임 있다〉, 《인터넷 법률신문》, 2011. 01. 06.

1. 집회에 참여한 사람들은 집회 활동이나 여러 일상생활이 감시당하는 것에 동의했나요?

2. 기무사 수사관은 이들의 사생활을 침해할 법적 권리가 있나요?

3. 피해자들이 불법 사찰을 받아서 입은 피해에는 어떠한 것들이 있을까요? 여러분이 피해자라면 어떤 기분이 들지 생각해 봅시다.

다음 글을 읽고 '사생활 보호와 관련된 쟁점을 분석할 때 고려해야 할 점'을 참고하여 분석해 봅시다.

성희롱은 통상 권력관계가 형성된 사람 사이에서 발생하는 괴롭힘이고 차별이다. 피해자에게 깊은 상처를 주지만 약자이기 마련인 피해자가 문제를 제기하기는 쉽지 않다. 특히 조직의 안정과 화합, 질서유지를 중시하는 문화에서는 더더욱 그렇다. 성희롱이 당사자 간에 은밀하게 발생하는 상황이라면 가해자가 부인하는 경우 이를 입증하기도 쉽지 않다. 그래서 성희롱 피해자들은 문제를 제기하더라도 자신을 드러내려 하지 않는다. 성희롱 구제 전담 국가기관인 국가 인권 위원회(이하 인권위)에 찾아온 피해자 대부분은 조사를 비공개로 할 수 있는지, 조사하더라도 상대방이나 주변에 알려지지 않게 할 수 있는지부터 문의한다. 인권위 진정사건 조사는 비공개가 원칙이지만 조사 과정에서 불가피하게 상대방이나 주변에 알려질 수 있다고 하면 진정을 포기하겠다는 피해자가 많다. 이를 감수하고 진정을 해서 성희롱 여부가 가려져도 역시 피해자들은 그 결과가 세상에 알려지는 것을 두려워한다. 그러나 이은의 씨는 달랐다. 익명의 그늘에 숨지 않고 자신이 성희롱 피해자라는 사실을 언론에 밝혔고 얼굴 사진도 공개했다.

참고: 국가인권위원회, 《인권》 2009. 9·10. (통권 58호).

1. 이은의 씨는 조사를 통해 사생활이 침해될 수 있다는 것을 알고도 이에 동의 했습니다. 이은의 씨가 중요하게 생각한 가치는 무엇인가요?

2. 이 사건을 조사하는 인권위의 권한은 합법적인가요?

3. 인권위는 사건을 조사하는 과정에서 어떤 의무와 도의적 책임을 가지나요?

4. 여러분이라면 이런 상황에서 어떻게 할 건가요? 사생활의 자유와 권리 외에 우리가 지켜야 할 다른 가치는 무엇이라고 생각하나요?

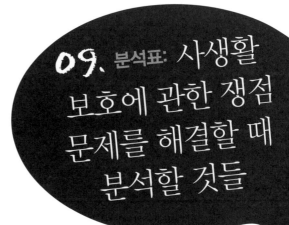

09. 분석표: 사생활 보호에 관한 쟁점 문제를 해결할 때 분석할 것들

사생활 보호와 관련된 쟁점을 상세하게 분석할 수 있는 분석표를 활용하여 관련 문제에 대한 자신의 견해를 논리적으로 도출해 봅시다.

사생활 보호 문제와 관련된 쟁점 분석을 위한 과정

앞 장에서 사생활 보호 문제와 관련된 쟁점을 잘 파악하게 해주는 기초적인 항목을 살펴봤습니다. 이번에는 쟁점을 보다 상세하게 분석하는 기준을 알아봅니다. 진행 과정은 다음과 같고, 88쪽의 분석표와 같이 요약할 수 있습니다. 분석표를 작성함으로써 사생활 보호 문제에 대해 단계별로 조사와 숙고를 거쳐 최종적으로 의견을 결정할 수 있습니다.

핵심 용어 알·아·두·기

• 애국주의: 자기 나라를 사랑하고 나라를 위하여 몸바쳐 일해야 한다는 사상이나 태도.

• 출두: 법률 용어로는 임의출두(任意出頭). 수사기관이 피의자나 참고인을 소환하는 일. 출두 여부 및 퇴거는 자유이고 답변도 강제되지 않음.

① 사생활을 보호받고 싶어 하는 사람이 누구인지 확인합니다.

이 문제에서 사생활의 자유와 권리를 원하는 사람은 누구입니까? 그 사람은 왜 사생활을 보호받고 싶어 합니까? 사생활이 얼마나 침해되었고 어떤 방법으로 지키고 싶어 합니까?

② 다른 사람의 사생활을 침해하는 사람 혹은 집단은 누구이며 무엇을 원하는지 확인합니다.

사생활을 방해하거나 침해하는 사람은 누구입니까? 어떤 방법으로 침해하고 있고, 이유는 무엇입니까?

③ 사생활 보호 문제를 해결하는 데 도움이 되는 기초 분석을 시도합니다.

사생활 보호 문제와 관련된 이들의 동의, 적법성, 법적 의무, 도의적 책임 유무를 확인합니다.

④ 이 문제를 해결하기 위한 대안을 검토합니다.

사생활 보호에 따른 이익과 대가는 무엇입니까? 또한 사생활 침해에 따른 이익과 대가는 무엇입니까? 다른 방법이나 대안이 있다면 무엇입니까? 그 대안이 가져올 이익과 대가는 무엇입니까?

⑤ 입장을 선택하고 이유를 설명합니다.

쟁점을 해결하기 위한 가장 좋은 방법을 찾아 결정을 내리고 그렇게 결정한 이유를 설명합니다.

로리온은 미국 뉴욕 시에서 사는 열성적인 야구팬이다. 2008년 8월, 경기를 보러 양키 스타디움에 갔다. 7회 초 경기가 끝나고 휴식 시간이 되어 국가가 스피커를 통해서 흘러나왔을 때 그는 화장실에 가려고 일어났다. 그러자 경찰이 가로막으며 국가가 나오는 중에는 자리에 그대로 있어야 한다고 말했다. 로리온은 "저 노래가 무슨 상관이기에 화장실도 못 가게 길을 막습니까?"라며 계속 가려고 했다. 그러자 두 명의 경찰이 완력을 사용하여 그의 팔을 비틀어 꺾었다. 그가 끌려가는 동안 크게 저항을 하거나 몸부림을 치지 않았는데도, 경찰은 놓아 주지 않으면서 '국가가 싫으면 이 나라를 떠나라'라고 위협적으로 말했다.

2001년의 9·11 사태 이후 미국 사회에는 이른바 '애국주의' 물결이 국민의 정서를 자극하였다. 많은 사람이 자동차에 '신은 미국을 축복한다(God Bless America)'라고 적힌 배너를 붙이거나 손 깃발을 들고 다녔다. 그러한 분위기가 한동안 이어지면서 야구장에서까지 국가가 흘러나오게 된 것이다.

9·11의 직접적인 피해자였던 뉴욕 시의 양키 스타디움에서는 한술 더 떠, '국가가 나오는 동안에는 관중이 자리를 뜰 수 없다'는 정책을 만들었다. 다른 지역의 야구 경기장에서도 국가가 나오긴 했지만 그런 정책을 시행하고 있는 경기장은 없었다.

로리온의 움직임을 제지하고 완력을 가한 경찰은 그 정책에 맞게 자신들의 임무를 수행한 것이다. 그들은 양키 스타디움의 사적인 안전 요원이 아니지만 많은 사람이 모이는 장소인 만큼 안전을 위해 그곳에 파견되었고, 양키 스타디움에서 요구한 안전 정책 및 관람 수칙을 사람들이 지키도록 그들의 임무를 수행했다.

로리온은 2009년 4월 뉴욕 시, 뉴욕 시 경찰 책임자, 자신에게 완력을 가했던 두 명의 경찰 등을 피고로 하여 연방 지방법원에 소송을 제기했다. 그는 경찰의 행위 때문에 잘못된 구금을 당했을 뿐만 아니라 위협과 공격을 받는 등 시민의 기본권이 침해됐다고 주장했다.

이 사건을 담당한 법원은 뉴욕 시가 로리온에게 1만 달러의 피해 보상금과 1만 2,000달러의 변호사 비용을 지급하라고 판결을 내렸다. 이와 더불어 국가가 나오는 동안 관중이 움직일 수 없도록 한 양키 스타디움의 규정은 옳지 않다고 판결을 내렸다.

참고: 〈애국심을 이긴 '오줌 눌 권리' 소송〉, 《프레시안》, 2010. 11. 12.

어떻게 생각해?

1. 이 문제에서 사생활을 보호받고 싶어 하는 사람은 누구인가요?

2. 다른 사람의 사생활을 침해하는 사람 혹은 집단은 누구입니까? 이들이 원하는 것은 무엇인가요?

3. 로리온은 최종적으로 자신의 사생활을 어떻게 지켰나요? 여러분이라면 어떻게 했을지도 이야기해 봅시다.

최 씨는 MBC와 SBS 시청자 게시판에 천안함 사건 관련 댓글을 달았다가 허위 사실 유포 혐의로 경찰 조사를 받았다. 그는 "시청자 게시판에 글을 쓴 이후에 갑자기 집에 경찰이 찾아오고 경기 지방경찰청 사이버수사대로부터 출두하라는 연락을 받고 조사를 받았다. 경찰이 어떻게 집 주소와 연락처를 알게 되었는지 파악하기 위해 방송사에 문의했더니 전기통신사업법에 따라 신상 정보를 제공했다는 답변만 돌아왔다. 경찰은 영장도 없이 협조 공문 한 장만으로 신상 정보를 받은 것이다. 경찰 조사를 받기 전까지 나는 내 개인 정보가 어디로 어떻게 유출됐는지조차 알지 못했다"고 말했다.

수사 기관의 요청에 의한 이 같은 개인 정보 취득은 해마다 증가하는 추세다. 인터넷 외에도 이동 전화, 유선 전화까지 모두 합치면 2008년에만 47만여 건의 개인 정보가 수사 기관에 넘겨졌으며 2009년에는 56만여 건으로 늘어났다. 2008년 한 해 동안 법원이 발부한 압수수색 영장 수가 10만여 건인 것과 비교해 보면 무려 4~5배의 개인 정보가 영장 없이 유출되고 있는 셈이다. 하지만 그동안 문제 제기가 이뤄지지 않은 까닭은 그만큼 당사자도 모르는 사이에 정보가 유출되고 있기 때

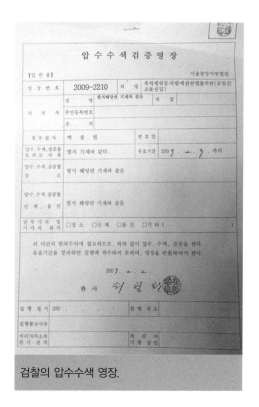

검찰의 압수수색 영장.

● **천안함 사건**: 2010년 3월 26일 백령도 근처 해상에서 대한민국 해군의 초계함인 PCC-772 천안함이 피격으로 침몰당한 사건.

문이다.

현재 논란이 되고 있는 것은 전기통신사업법 54조 3항이다. "전기통신사업자는 법원, 검사 또는 수사 관서의 장, 정보 수사기관의 장으로부터 재판, 수사, 형의 집행 또는 국가안전보장에 대한 위해를 방지하기 위한 정보 수집을 위하여 자료의 열람이나 제출을 요청받은 때에 이에 응할 수 있다"고 되어 있다. 이 조항에 따라 수사 기관은 법원의 영장 없이도 개인의 이름, 주민등록번호, 주소, 아이디(ID) 등을 사이트 운영자로부터 받을 수 있다. 그러나 이 조항은 헌법 12조 3항 "체포·구속·압수 또는 수색할 때에는 적법한 절차에 따라 검사의 신청에 의하여 법관이 발부한 영장을 제시해야 한다"라는 조항과 충돌하는 면이 있다. 현재 이에 대한 헌법소원이 진행 중이다.

참고: 〈영장 없이 신상정보 수집, '민간인 사찰'의 비밀은?〉, 《프레시안》, 2010. 07. 15.

어떻게 생각해?

1. 수사기관이 언제든 내 정보를 열람하여 조사할 수 있다면 여러분의 행동은 어떻게 달라질 것 같나요?

2. 이와 같은 상황에서 침해될 수 있는 헌법상의 권리는 무엇인가요?

3. 위 사례와 같이 수사기관이 사기업을 통해 개인 정보를 취득하는 경우, 영장을 발부받아야 하나요, 그렇지 않나요? 입장을 정하고 이유를 설명해 봅시다.

2010년 12월, 국가 인권 위원회의 조사에 따르면 우리나라에서 개인이 CCTV에 찍히는 횟수는 하루에 평균 83.1회이며, 이동하는 도중에는 9초에 한 번꼴로 노출된다고 합니다. 주택가, 상가, 지하보도, 학교 주변, 도로, 시장, 교통 시설 등 거의 전 공공 영역에 CCTV가 있습니다. 요즘에는 학교 안에도 CCTV를 많이 설치합니다.

1. 학교 안 어느 곳에 CCTV가 설치되어 있는지 알고 있나요?

2. 학교 안에 CCTV를 설치하는 것에 찬성합니까? 그렇다면 설치하길 바라는 장소는 어디인가요? 이유는 무엇인가요?

3. 학교 안에 CCTV를 설치하는 것에 반대하나요? 그 이유는 무엇인가요?

4. 공공 영역에 CCTV를 설치하여 사생활을 침해하는 사람 혹은 집단은 누구인가요? 이들의 목적은 무엇인가요?

5. 공공 영역에 CCTV를 설치함으로써 발생하는 이익과 대가는 무엇인가요?

사생활 보호 관련 쟁점에 대한 분석표

질문	답변
1. 누구의 사생활이 침해되었는지 확인하기 • 이 사건에서 사생활이 가장 심각하게 침해된 사람은 누구입니까? • 이들이 사생활을 보호하고자 하는 목적이나 이유는 무엇입니까? • 어떤 방법으로 사생활을 보호하고자 합니까?	
2. 다른 사람의 사생활을 제한하거나 침해하려는(혹은 침해한) 사람 확인하기 • 누가 다른 사람의 사생활을 제한하거나 침해하려고 합니까? • 다른 사람의 사생활을 어떻게 침해하려고 합니까? • 왜 다른 사람의 사생활을 침해하려고 합니까?	
3. 기초분석 실행 • 이 사람은 자신의 사생활이 침해되는 것에 동의하고 있습니까? • 다른 사람의 사생활을 침해하는 사람에게 법적 권한이 있습니까? • 다른 사람의 사생활을 보호하는 사람에게 법적 의무가 있습니까? • 다른 사람의 사생활을 보호할 도의적 책임이 있습니까?	
4. 이 문제를 해결하기 위한 대안 검토 • 사생활 보호에 따른 이익과 대가는 무엇입니까? • 사생활 침해에 따른 이익과 대가는 무엇입니까? • 다른 방법이나 대안은 무엇입니까? • 다른 방법이나 대안에 따른 이익과 대가는 무엇입니까?	
5. 입장을 선택하고 이유 설명하기 • 이 문제를 어떻게 해결해야 한다고 생각합니까? 자신의 견해를 설명해 봅시다.	

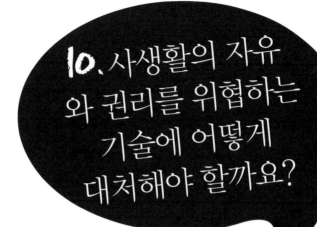

10. 사생활의 자유와 권리를 위협하는 기술에 어떻게 대처해야 할까요?

컴퓨터와 인터넷, 전자 기술의 발달로 국가와 기업이 개인의 정보를 수집·저장·결합·활용하는 상황에 어떻게 대처해야 하는지 토론해 봅니다. 이를 통해 우리는 자신에 대한 정보를 잘 관리하고 통제하는 것이 사생활의 자유와 권리를 보호하기 위해 얼마나 중요한지 알게 됩니다.

- **자산**: 개인이나 법인이 소유하고 있는 경제적 가치가 있는 유형·무형의 재산.

- **변제**: 빚을 갚음.

- **신조**: 굳게 믿어 지키고 있는 생각. 신앙의 조목 또는 교의(教義).

- **동태**: 움직이거나 변하는 모습.

- **이메일 인증**: 인터넷 서비스 가입 시 본인 확인을 위해 입력한 이메일(E-mail) 주소가 본인(가입 요청자)의 것이 맞는지 확인하는 절차.

컴퓨터가 사생활을 침해하는 경우

우리 사회에서 컴퓨터는 생산과 소비, 분배의 전 영역에 걸쳐 거의 모든 사람에게 영향을 끼칩니다. 슈퍼마켓의 계산대, 신용카드 단말기, 버스와 지하철의 환승 처리, 교육행정정보시스템(NEIS), 소셜 네트워크 서비스(SNS) 등에 입력된 정보는 대체로 축적되며 어떤 경우에는 가공·확산됩니다.

대량의 정보를 쉽게 집적하는 컴퓨터와 확산을 빠르게 해 주는 인터넷망은 사생활을 침해할 가능성이 있습니다. 여러분이 버스비로 얼마를 썼고 어디에서 어디까지 이동했는지, 몸무게와 시력은 어느 정도이고 집 주소와 주민등록번호는 무엇인지, 그리고 미처 생각하지 못한 정보까지 어딘가에 저장되어 있을지 모릅니다.

그래서 우리에게는 자신에 대한 정보를 관리하고 통제할 수 있는 권리, 즉 '자기 정보의 통제권'이 필요합니다. 자기 정보 통제권이란 내가 어떤 이유로 누구에게 정보를 제공했는지 알 수 있어야 한다는 것, 정보를 제공받은 상대는 정보를 안전하게 보호할 의무가 있으며 애초의 목적이 아닌 다른 목적으로 그 정보를 이용해서는 안 된다는 것, 내가 원할 때 정보에 대한 파기ㆍ정정ㆍ수정을 요구할 수 있다는 것을 규정한 권리입니다.

다음 표는 일상생활에서 재화와 서비스를 이용하기 위해 노출하게 되는 개인 정보에는 어떠한 것이 있는지 보여 줍니다. 개인 정보의 수집과 보유의 목적이 무엇인지 분명히 알고, 불필요한 정보 제공을 요구하면 거절할 수 있어야 합니다. 또한 서비스 기간의 종료나 계약 해지 등으로 상대가 나의 정보를 보유할 이유가 소멸하면 정보 역시 소멸하는지 확인해야 합니다.

우리나라에서는 현재 '공공 기관의 개인 정보 보호에 관한 법률'과 '정보 통신망 이용 촉진 및 정보 보호 등에 관한 법률' 등으로 개인의 정보를 보호하고 있습니다.

'공공 기관의 개인 정보 보호에 관한 법률'(법률 제10142호)에서는 이름, 주민등록번호, 사진 등을 통해 그 사람인지 아닌지 식별할 수 있는 정보를 개인 정보라고 정의하고 있습니다. 또한 개인 정보를 수집한다면 그 목적을 명확히 하고 목적에 필요한 최소한의 범위 안에서 적법하고 정당하게 수집하여야 하며, 목적 외의 용도로 활용하면 안 된다고 규정합니다.

컴퓨터 디스크와 인터넷 서버에 저장되는 정보

상황	저장되는 정보
전화를 사용할 때	발신자와 수신자의 전화번호, 통화 시각
도서관에서 책을 빌릴 때	이름, 주소, 전화번호, 도서명, 대출일과 반납일
신용카드를 쓸 때	이름, 신용카드 정보, 어떤 물건을 얼마에 샀는지, 상점의 이름과 위치
신문이나 잡지를 구독할 때	이름, 주소, 신문 · 잡지의 이름, 구독 시작일과 종료일
은행에서 대출을 신청할 때	이름, 주민등록번호, 주소, 전화번호, 계좌번호, 직장명, 직장 주소, 직장 전화번호, 급여명세, 자산, 매달 변제 금액 등
건강 보험을 들 때	이름, 주민등록번호, 주소, 전화번호, 직업, 직장명, 소득, 계좌번호, 과거 병력, 약물 복용 여부, 임신 여부, 장애 여부, 운전 여부, 해외 출국 계획, 위험한 취미 생활을 하는지의 여부 등

제4조(개인 정보의 수집) ① 공공 기관의 장은 사상(思想) · 신조(信條) 등 개인의 기본적 인권을 현저하게 침해할 우려가 있는 개인 정보를 수집하여서는 아니 된다. 다만, 정보 주체의 동의가 있거나 다른 법률에 수집 대상 개인 정보가 명시되어 있는 경우에는 그러하지 아니하다.

또한 이처럼 공공 기관이 개인을 상대로 개인의 생각이나 의견, 정치적 신념이나 종교 등에 대한 정보를 수집하는 것은 엄격하게 금지되어 있습니다.

그러나 민간 기업들이 개인 정보를 공유하거나 유출하는 경우에 대한 법적인 대비는 아직 부족합니다. 기업이 개인의 신용 정보와 소비 정보, 소득 정보 등 여러 가지 자료를 결합하는 데이터베이스를 만들어 보관하고 협력 관계를 맺고 있는 다른 기업과 공유하거나 사고파는 경우도 있습니다. 물론 개인이 특정 기업의 서비스를 이용하기 위해 자신의 정보를 제공하면서 '그 기업이 제삼자에게 정보 제공하는 것'에도 역시 동의하였기 때문에 가능한 일입니다. 그러나 동의하지 않으면 서비스 자체를 이용할 수 없으므로 어쩔 수 없이 동의하는 경우가 대부분입니다.

예를 들어, 한 번의 가입으로 여러 기업의 서비스를 동시에 이용할 수 있게 해 주는 통합 ID 서비스의 경우, 따로따로 가입하지 않아도 되는 편리함이 있지만 한편으로는 원하지 않는 기업에까지 자신의 정보를 제공해야 한다는 문제점도 있습니다. 이런 까닭에 우리는 원하지 않는 이메일이나 문자 메시지, 전화 마케팅의 대상이 되기도 합니다.

대부분 기업은 회원 가입 시 개인에게 이름, 주민등록번호, 아이디, 비밀번호, 이메일 주소, 연락처, 집 주소 등을 입력하도록 요구하고 있습니다. 이후 기업과 거래를 유지할 때 상품이나 서비스를 언제, 얼마에 샀는지 거래 내역도 제공하게 됩니다. 그뿐만 아니라 이 기업과 연결된 제3의 기업에도 개인 정보를 제공하게 됩니다. 제3의 기업이란, 해당 기업이 재화나 서비스

하나의 ID와 PASSWORD로　　　Family 회원 사이트와의 모든 거래 및 서비스를 통합하여 안전하게 이용하실 수 있는 편리한 회원제 서비스입니다.

　　Family 사이트 안내

닷컴	타운	백화점	마트	슈퍼
카드	인터넷면세점	리아	시네마	월드
제과	아세븐	삼강	칠성음료	제이티비
저러스	루	호텔		

통합 ID서비스 사례.

를 제공하는 과정에 협력하고 있는 업체들로, 멤버십 카드 발급을 대행하거나, 회원 가입 시 휴대전화 인증을 담당하거나, 사은품 배송을 담당하는 등의 일을 하는 위탁업체입니다.

● **수탁자**: 법률상의 행위의 처리를 위임받은 사람을 의미한다. 넓은 의미로는 사무를 대신 처리해 줄 것을 위임받은 사람도 포함한다.
● **위탁 업무**: 어떤 일을 대신 처리해 줄 것을 요청받아 하는 일.

구분	수탁자	취급 위탁 업무 내용
회원 가입	(주)신세계, (주)보광훼미리마트 등	회원 모집/가입 신청 및 멤버십 카드 발급 대행
	하이서비스(주)	가입 신청서 입력 처리 대행
	인크로스	회원 가입 시 휴대폰 인증
마케팅	이포컴(주)	사은품 배송 대행
	(주)청람커뮤니케이션즈	제휴사 관리 등 마케팅 위탁 운영
	SKC&C(주)	정보 전산 처리 및 유지/관리
	(주)티엔피네트워크	휴대폰 온라인 판매 행사 대행
	(주)와이비엘	카드 제작 대행
	(주)휴먼정보통신	
	한국전산정보(주)	관리비 차감 내역 고지서 인쇄
	SK네트웍스	정보성/광고성 SMS 정보 전송
	SK텔링크	
	엠앤서비스(주)	고객 상담센터 운영, 홈페이지 관리, 시스템 대행 운영, CRM 분석 및 당사 상품에 대한 TM 등 마케팅 위탁 운영
		타사 상품(보험 가입, 증권 계좌 개설 등 금융 상품 안내 동의 및 기념일 선물, 화장품, 가전제품, 기타 잡화, 디지털 콘텐츠)에 대한 TM 대행, 고객 요청 시 개인 정보 갱신 업무, 고객 상담 업무를 진행하면서 상담 고객에게 보험 상품 안내 동의 업무
	(주)유비즈토피아, (주)PTMS, 브로드밴드TS(주)	당사 상품(제휴 신용카드 발급 안내)에 대한 TM 등 마케팅 위탁 운영, 고객 요청 시 정보 갱신 업무

구분	수탁자	취급 위탁 업무 내용
고객안내 및 CS	와우커뮤니케이션(주)	T멤버십 캐시백 쇼핑몰 운영(상품 배송)
	익사이팅월드커뮤니케이션	닥터큐브 서비스 관리, 시스템 대행 운영 고객 상담 등 위탁 운영
		공연 문화 서비스 관리, 고객 안내/CS(상품 배송, 수령 관리 및 이벤트 고객 상담 센터 운영)
	KPB	쿠폰 판독 및 이용 실적 또는 상품/서비스 안내
	(주)빌포스트	이용 실적 또는 상품/서비스 안내 DM 발송 대행
	엠앤서비스(주)	이용 실적 또는 상품/서비스 안내 및 당첨 SMS 발송 대행
	팜즈커뮤니케이션즈(주)	OKCashbag C-Shop 사이트 관리 및 운영, 결제 관련 고객 상담

OK Cashback 서비스에 가입할 경우 23개의 위탁업체에 정보 제공하는 것을 동의해야 합니다.

이렇게 많은 기업이 개인 정보를 공유하고 이용합니다. 우리는 자신의 의지와 다르게 어쩔 수 없이 정보를 제공하게 되는 상황을 개선할 필요가 있습니다. 또한 정보 유출에 대한 법적인 규제를 강화하여 개인이 자신의 정보를 안전하게 통제하고 관리할 수 있도록 보장해야 합니다.

시간이 흐를수록 정보를 다루는 기술은 점점 더 강력해집니다. 더 많은 사람과 기관이 첨단 저장, 전송 장치를 사용할 것이고 더 많은 정보가 유출될 것입니다. 이 때문에 사생활 침해 문제가 깊고 광범위하게 발생할 것에 대비해야 합니다.

김억울 씨는 며칠 전, 부동산을 중개해 주는 사람만 믿고 1억 원에 전세 계약을 했는데 알고 보니 사기 계약이었습니다. 중개사의 신분증과 자격증은 정교하게 위조된 가짜였습니다. 정부는 김억울 씨와 같은 피해자가 없게 하려고 2013년부터 위 · 변조가 어려운 전자 주민증을 도입하겠다고 발표했습니다. 전자 주민증 표면에는 성명, 생년월일, 성별, 사진, 유효기간, 발행 번호 등 기본 사항을 표시하고 주민등록번호, 지문 등 민감한 정보는 위 · 변조 식별 보안장치가 내장된 IC칩에 암호화해 저장할 예정이라고 합니다. 기존의 주민등록증 표면에 주민등록번호와 같은 중요 정보가 노출되어 있던 단

정부가 도입을 발표한 전자 주민증 시안.

점을 보완하고, IC칩을 사용해서 위 · 변조를 어렵게 하면 주민증이 범죄에 악용되는 것을 막을 수 있다고 합니다.

그러나 한편에는 전자 주민증이 개인 정보를 보호하기는커녕, 정보의 집적과 유출을 더욱 심화시킬 것이라는 의견도 있습니다. IC칩을 한 번 도입하면 그 안에 여권, 운전면허증, 건강보험증을 비롯해 여러 가지 건강 정보 및 생체 정보를 통합 저장하는 것은 그리 어려운 일이 아니기 때문입니다.

1999년에도 주민등록등 · 초본을 비롯하여 47개의 개인 정보를 전자칩에 담는 전자 주민증 도입이 여론의 반대에 부딪혀 무산된 일이 있었습니다. 종이에 기록하는 정보와 달리 전자 정보는 무한하게 복사할 수 있어 일단

● IC칩 : 집적회로 (Integrated Circuit)를 내장한 반도체 칩으로 대용량의 정보 저장과 처리가 가능하다.

유출되면 원상 복구시키는 것이 불가능합니다. 그뿐만 아니라 전 국민을 대상으로 전자 카드를 새롭게 발급하는 데에는 막대한 재정이 투입되는데, 투입되는 재정에 비하면 그 효과는 적을 수도 있습니다.

1. 전자 주민증의 도입으로 사생활이 침해당할 가능성이 있는 사람은 누구인가요?

2. 전자 주민증을 누가 도입하려고 하나요?

3. 전자 주민증을 도입할 때 생길 수 있는 이익에는 무엇이 있나요?

4. 전자 주민증의 도입으로 치러야 하는 대가에는 무엇이 있나요?

5. 전자 주민증의 도입 외에 다른 대안은 무엇인가요? 그것을 선택했을 때의 이익과 대가에는 무엇이 있나요?

생각 넓히기 ② 주민등록제도는 우리나라에만 있습니다.

단순히 전자 주민증을 반대하는 것에 그치지 말고 주민등록제도 자체를 검토해 보아야 한다는 의견도 있습니다. [자료 1]과 [자료 2]를 읽고 답해 봅시다.

[자료 1]

요즘에는 인터넷과 정보 통신 기술이 많이 발달해서 주민등록증을 위·변조하여 범죄에 이용하거나 주민등록증을 통해 타인의 주민번호를 도용하는 것은 원시적인 방법에 속합니다. 통신 회사, 홈쇼핑 회사, 택배 회사 등에서 모아 놓은 수천만 명의 개인 정보가 이미 유출되어 인터넷에서 헐값에 유통되고 있기 때문입니다. 타인의 주민등록증을 위·변조하는 범죄는 연간 400~500건에 불과하지만, 대량으로 수집된 주민등록번호가 유출되어 일어나는 피해는 집계조차 할 수 없는 상황입니다.

그러므로 수천억 원의 예산을 들여서 전자 주민증을 발급하는 것보다 시급한 것은 이미 유출된 주민등록번호로 인한 피해를 막기 위해 주민등록제도 자체가 가진 문제를 점검하는 일입니다. 현행 주민등록제도는 5·16 군사쿠데타 직후인 1962년에 도입되었습니다. '주민을 등록하게 함으로써 주민의 거주 관계를 파악하여 상시로 인구의 동태를 명확히 하고 행정사무를 편리하게 하려는 목적'으로 만들어진 이 법에 따라 대한민국 국민은 성명, 성별, 생년월일, 주소, 세대주와의 관계 등을 시장, 군수 또는 구청장에게 신고하게 되어 있습니다.

많은 사람이 다른 나라에도 당연히 주민등록증과 같은 것이 있을 것으로 생각하지만, 이렇게 독특한 제도를 가진 나라는 우리나라밖에 없습니다. 우리나라 주민등록제도만의 특징은 첫째, 전 국민에게 주민등록번호라는 유일 불변의 고유번호를 부여한다는 점, 둘째, 전 국민의 신분증 발급이 강제되며 열 손가락 지문을 등록한다는 점, 셋째, 모든 국민이 거주지 및 이동 여부를 등록해야 한다는 점, 넷째, 이 모든 정보가 주민등록번호 아래 통합되어 있다는 것입니다. 아울러 인터넷에서 회원 가입을 할 때조차 주민등록번호를 요구하는 나라도 우리나라밖에 없습니다. 저는 미국과 유럽을 비롯한 어떤 나라에서도 '국민을 단일한 일련번호로 관리하지 않으면 국가 행정을 못한다'는 이야기를 들어보지 못했습니다.

우리나라가 주민등록증 위·변조로 인한 피해가 유독 큰 것은 이렇게 전 국민이 단일한 일련번호에 의해서 관리되고 있고, 이 번호만 있으면 인터넷상에서 얼마든지 타인 행세를 할 수 있기 때문입니다. 국민의 인권과 기본권을 중요하게 생각하는 다른 선진국들처럼 우리도 이참에 주민등록제도를 개선했으면 좋겠습니다.

참고: http://www.ymca.pe.kr/877.

헌법 제17조 모든 국민은 사생활의 비밀과 자유를 침해받지 아니한다.

헌법 제37조 ② 국민의 모든 자유와 권리는 국가안전보장ㆍ질서유지 또는 공공복리를 위하여 필요한 경우에 한하여 법률로써 제한할 수 있으며, 제한하는 경우에도 자유와 권리의 기본적인 내용을 침해할 수 없다.

법률 제9574호 주민등록법 (일부개정 2009.4.1)

제1조(목적) 이 법은 시ㆍ군 또는 구의 주민을 등록하게 함으로써 주민의 거주 관계 등 인구의 동태(動態)를 항상 명확하게 파악하여 주민 생활의 편익을 증진시키고 행정사무를 적정하게 처리하도록 하는 것을 목적으로 한다.

제7조(주민등록표 등의 작성) ③ 시장ㆍ군수 또는 구청장은 주민에게 개인별로 고유한 등록번호(이하 "주민등록번호"라 한다)를 부여하여야 한다.

제24조(주민등록증의 발급 등) ② 주민등록증에는 성명, 사진, 주민등록번호, 주소, 지문(指紋), 발행일, 주민등록기관을 수록한다. 다만, 혈액형에 대하여는 대통령령으로 정하는 바에 따라 주민의 신청이 있으면 추가로 수록할 수 있다.

1. 처음에 주민등록제도를 도입한 목적이나 이유는 무엇인가요?

2. 시민들은 주민등록제도의 도입에 동의했나요? 동의하지 않거나 정보 제공을 거부할 때 불이익은 없나요?

3. 주민등록제도의 법적인 근거는 무엇인가요? [자료 2]에서 찾아봅시다.

4. 주민등록제도로 인해 침해당할 수 있는 자유와 권리에는 구체적으로 무엇이 있나요?

5. 주민등록제도를 유지하는 데에 따른 이익과 치러야 할 대가를 따져 보고 주민등록제도의 존폐에 대한 자신의 견해를 정해 논술문으로 써 봅시다.

생활에 적용하기

1. 가입 시 실명과 주민등록번호를 이용해 인증을 받아야만 이용할 수 있었던 인터넷 사이트와 이메일 인증만으로도 이용할 수 있었던 사이트에 대한 경험을 떠올려 보고 장단점을 이야기해 봅시다.

	실명 인증	이메일 인증
알고 있는 사이트의 이름		
장점		
단점		

2. 우리나라에서는 이미 전자 여권을 사용하고 있습니다. 전자 여권은 국가 간 이동 시 사용하는 것이기 때문에 국내에서 사용하는 신분증보다 더 주의를 기울여야 합니다. 전자 여권 속 개인 정보가 국제적으로 노출될 수 있고, 여권에 수록된 정보를 여러 국가가 다른 목적으로 이용할 수도 있기 때문입니다. 그럼에도 불구하고 여권을 전자화하려는 이유는 무엇일까요? 전자 여권에 대한 여러분의 생각을 표로 정리해 봅시다.

전자 여권을 사용하고 있는 나라	벨기에, 체코, 덴마크, 프랑스, 독일, 미국, 일본, 영국, 호주 등
전자 여권 사용 시 장점	
전자 여권 사용 시 단점	

전자 여권의 장단점?

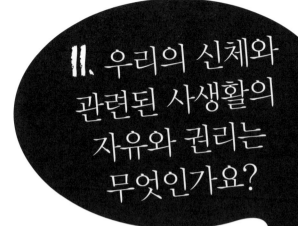

11. 우리의 신체와 관련된 사생활의 자유와 권리는 무엇인가요?

우리의 신체와 관련된 사생활권에 대해 토론합니다. 특히 혈액, 지문, DNA 등을 채취하거나 데이터베이스화하는 것이 타당한지를 중심으로 사생활권의 보호와 제한 범위를 생각해 보겠습니다. 신체와 관련된 개인 정보를 어떻게 다룰 것인지에 대해 자신의 견해를 정리해 봅시다.

신체의 자유와 사생활 보호

2035년 미래의 어느 날, 길을 가던 박주사 씨는 경찰의 불심검문을 받았습니다. "신분증을 보여 주십시오." 그가 전자 신분증을 내밀자, 경찰은 휴대용 리더기로 신분증을

핵심 용어
알·아·두·기

• **불심검문**: 경찰관이 수상한 거동을 하거나 죄를 범하였거나 범하려고 하여 의심받을 만한 사람을 정지시켜 질문하는 일.

• **보안처분**: 범인의 또 다른 범행을 막기 위하여 형벌 대신 교육이나 보호 따위를 하는 처분. 보호 관찰 처분, 주거 제한 처분, 보안 감호 처분의 세 종류가 있음.

• **강제 노역**: 강제로 해야 하는 몹시 괴롭고 힘든 노동.

• **DNA**: 유전자의 본체.

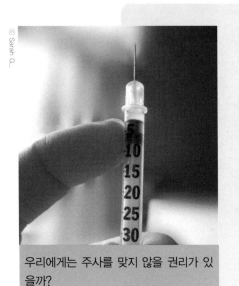
우리에게는 주사를 맞지 않을 권리가 있을까?

읽었습니다. "아니, 메가바이러스 예방 주사를 아직도 맞지 않았습니까?" "네, 제가 주사 맞는 것을 무척 싫어하거든요." "안 됩니다. 메가바이러스 예방 접종은 시민의 의무 사항입니다." 경찰은 즉시 박주사 씨의 손목에 수갑을 채우고 병원으로 후송했습니다.

미래의 어느 날 생길지도 모르는 일을 상상해 보았습니다. 박주사 씨의 신분증 속에는 생체 정보 및 건강 정보도 포함되어 있어 예방접종 여부를 단숨에 알아낼 수 있었습니다. 이것이 박주사 씨의 건강을 지켜 주고 효율적인 국가 운영을 위해서도 바람직하지만 그럼에도 그는 정말로 주사를 맞고 싶지 않을 수 있습니다. 우리에게는 '무엇이든 할 자유'와 더불어 '무엇이든 하지 않을 자유' 역시 필요합니다.

헌법 제12조 ① 모든 국민은 신체의 자유를 가진다. 누구든지 법률에 의하지 아니하고는 체포·구속·압수·수색 또는 심문을 받지 아니하며, 법률과 적법한 절차에 의하지 아니하고는 처벌·보안처분 또는 강제 노역을 받지 아니한다.

그래서 위와 같은 가상 현실에서도 헌법 12조 1항의 조항이 그대로 남아 있다면 경찰관은 박주사 씨의 '신체의 자유'를 두 번이나 침해한 셈입니다. 불심검문으로 길을 가던 그를 멈춰 세웠고, 강제로 예방접종을 받게 했기 때문입니다.

신체의 자유는 생각의 자유와 더불어 인간이 가장 필요로 하는 기본적인 자유입니다. 이것이 보장되지 않으면 그 밖의 자유나 권리는 꿈도 꿀 수 없게 됩니다. 예를 들어, 집 밖으로 나갈 수 있는 자유를 박탈당했다고 생각해 봅시다. 생필품을 구할 수 없으니 기본적인 생존마저 위협받습니다. 사람들과 모임을 하거나 집회를 열 수 있는 권리도 사라지니 민주주의도 위협받습니다. 따라서 신체의 자유를 제한하는 것은 가급적 불가피한 경우에 한해 이루어져야 합니다.

우리나라는 국가 권력의 남용으로 신체의 자유가 침해되는 것을 막기 위해 헌법 12조 1항부터 7항까지와, 13조, 27조, 28조에 상세한 규정을 두고 있습니다. 부당하게 조사받지 않을 권리, 부당하게 갇혀 있지 않을 권리, 법을 잘 모른다는 이유로 억울한 누명을 쓰지 않을 권리, 고문을 당하지 않을 권리, 같은 잘못으로 두 번 벌 받지 않을 권리, 친족의 잘못 때문에 벌 받지 않을 권리, 억울한 누명에서 벗어나게 되었을 때 그간의 피해를 보상받을 권리 등을 보장하는 내용입니다.

생각 넓히기   영장이 없으면 내 피를 줄 수 없어

정만취(가명) 씨는 음주 운전을 하다 사고를 냈습니다. 그가 의식을 잃은 상태였기 때문에, 병원에 온 경찰관은 그의 피를 뽑아 검사해도 되는지 그의 아내에게 물어보아야 했습니다. 그의 아내는 채혈에 동의하지 않았지만 딸이 대신 동의를 했고 경찰은 혈액을 채취했습니다. 본래 혈액을 조사하려면 경찰은 법원으로부터 사전에 영장을 발부받아야 합니다. 만약 사전에 받는 것이 여의치 않으면 혈액을 채취한 다음에라도 영장을 발부받아야 합니다. 그러나 경찰은 사전 영장 및 사후 영장을 받지 않았습니다.

국립과학수사연구소는 그의 혈액을 감정했고 매우 심각하게 취한 상태였음이 밝혀졌습니다. 검찰은 그를 도로교통법위반 음주 운전 혐의로 기소했고 1심 재판관은 유죄를 인정해 벌금 300만 원을 선고했습니다.

그러자 정만취 씨는 "수사기관이 나의 동의를 받거나 법관의 영장을 받지도 않은 채 딸의 동의만 받아 혈액을 채혈하고 조사한 것은 정당한 절차를 밟은 것이 아니므로 이 혈액은 증거로 쓸 수 없다"며 항소했습니다.

2심 재판부는 원심의 판결을 깨고 무죄를 선고했습니다. 판결문에서 "채혈은 그 과정에서 대상자의 신체의 자유를 일정 시간 제한하게 되고, 대상자의 신체에 대한 직접적인 침해를 수반할 뿐만 아니라 채취된 혈액에 대한 검사를 통해 대상자의 유전자 정보나 특정 질병에의 감염 여부 등 보호돼야 하는 개인 정보가 드러날 수 있으므로 대상자의 동의가 없는 한 헌법 및 형사소송법 규정에 따라 법원이 발부한 영장에 의해야 한다"고 밝혔습니다.

이어 "헌법과 형사소송법이 정한 절차에 따르지 않고 수집한 증거는 기본적 인권 보장을 위해 마련된 적법한 절차에 따르지 않은 것으로서 원칙적으로 유죄 인정의 증거로 삼을 수 없다. 혈액에 존재하는 알코올 성분은 시간이 지남에 따라 신진대사로 인해 희석되므로 사전에 법원의 영장을 발부받아 채혈하기는 어려울 것이나, 수사기관은 피고인의 혈액 채취를 위한 사후 영장을 쉽게 발부받을 수는 있었다"고 지적했습니다.

참고: 〈본인 동의도 영장도 없는 '채혈' …유죄 증거 안 돼〉, 《로이슈》, 2011. 01. 21.

1. 정만취 씨가 1심에서 유죄를, 2심에서 무죄를 선고받은 이유는 각각 무엇인 가요?

2. 혈액을 채취할 때 본인의 동의나 영장 발부가 필요한 이유는 무엇인가요?

생체 정보 이용의 증가

현금 카드가 들어 있는 지갑을 분실했습니다. 은행에 전화해서 분실 신고를 하고 카드의 인출 기능을 정지시키려고 합니다. 은행에서는 먼저 '내가 정말 나'인지 증명해 보이라고 요청합니다. 내가 아닌 남이 나인 척하면서 카드 사용을 정지시키려는 것인지도 모르기 때문입니다. "당신의 주민등록 번호는 무엇입니까? 주소는? 전화번호의 뒷자리는?" 이 질문에 답하지 못하면 은행은 나의 요구를 들어주지 않을 것입니다.

'내가 나'라는 것을, 혹은 '내가 그 사람이 아니'라는 것을 남에게 증명해 보여야 할 때 보통 신분증을 사용합니다. 학생증, 청소년증, 주민등록증, 운전면허증, 여권 등이 그러한 예입니다. 그런데 이러한 신분 확인증은 위조 및 변조를 할 수 있다는 문제점이 있습니다.

그래서 각 나라의 정부와 기업은 개인의 몸 그 자체에 담겨 있는 정보, 즉 생체 정보에 매우 관심이 많습니다. 지문, 홍채, 손 모양, 음성, DNA 등을 인식하여 개인의 판별에 활용하는 생체 정보 인식 시스템은 이미 활용되고 있고 앞으로도 더욱 증가할 것으로 보입니다. 처음에는 연구소나 군사 시설, 은행처럼 보안 유지가 중요한 장소에 사용했지만 점차 일상생활에까지 확대되고 있습니다.

우리나라의 지문날인제도는 1962년에 주민등록증제도가 도입되면서 함께 시작되었습니다. 범죄 수사에 이용한다는 것이 목적이었습니다. 처음에는 양손의 엄지손가락 지문만을 채취했지만 1975년부터는 열 손가락 지문 모두를 채취했습니다.

좌수회전인상				
시지	중지	환지	소지	무지
우수회전인상				
시지	중지	환지	소지	무지

좌수평면인상	우수평면인상
무지 무지	
분류 검사	

열 손가락 지문을 채취하는 주민등록증 발급 신청서.

주민등록법시행령 제33조(주민등록증 발급 절차) ② 제1항의 주민등록증 발급 통지를 받은 자는 통지서를 받은 날로부터 15일 이내에 그 자신이 발급 업무 담당 공무원에게 사진 3매를 제출하고, 본인임을 소명한 후 그 공무원 앞에서 별지 제33호 서식에 의한 주민등록증 발급 신청서와 주민등록용지에 **지문을 찍어야 한다.**

우리나라는 30~40여 년 전부터 전 국민을 대상으로 열 손가락 지문을 채취하여 개인 식별에 이용해 온 거의 유일한 나라입니다. 유럽의 여러 나라는 최근 전자 신분증의 도입 여부를 놓고 논쟁 중이지만 지문 정보 포함을 의무 사항으로 삼고 있는 나라는 없습니다. 현재 전자 여권에 지문 정보를 포함한 국가는 싱가포르, 말레이시아, 태국, 홍콩 4개국뿐입니다.

최근 문제가 되고 있는 것은 자국민에 대한 지문 채취가 아니라 자국에 들어오는 외국인들을 대상으로 하는 지문 채취입니다. 미국, 싱가포르, 프랑스, 이탈리아, 브라질, 스페인, 일본 등이 외국인을 대상으로 한 지문 채취를 시행하고 있고, 미국과 일본은 얼굴 사진 촬영을 통한 안면 정보 등록까지 하고 있습니다. 이에 대해 테러리스트의 입국을 막으려는 보호조치라는 주장과 외국인을 차별하는 제도이므로 폐지해야 한다는 주장이 맞서고 있습니다.

1. 우리나라에서 국민을 대상으로 열 손가락 지문을 채취하기 시작한 해는 언제인가요?

2. 열 손가락 지문을 채취할 수 있는 근거가 되는 법 조항은 무엇인가요?

3. 열 손가락 지문을 채취하는 것의 좋은 점과 나쁜 점은 무엇인가요?

4. 우리나라에서도 외국인의 지문과 안면 정보를 수집해야 한다고 생각하나요, 그렇지 않나요? 이유는 무엇인가요?

5. 범죄 수사를 위해 국가가 개인 정보를 수집해 두는 것이 불가피하다고 했을 때, 허용될 수 있는 범위는 어디까지라고 생각하나요? 여러분의 이름, 주소, 전화번호 등의 신상 정보까지일까요? 아니면 지문, DNA, 혈액과 같은 생체 정보도 제공해야 할까요? 범죄 수사를 위한 정보 수집의 허용 한계를 설정해 보고 왜 그렇게 생각하는지 이야기해 봅시다.

1. 영화 〈가타카〉는 유전공학이 고도로 발달한 미래 모습을 그린 과학 영화입니다. 주인공은 우주 비행사를 꿈꾸지만, 국가가 관리하고 있는 그의 유전자는 심장 질환과 범죄 가능성을 물려받은 열성 유전자입니다. 결국 주인공은 다른 사람의 우성 형질을 불법으로 빼내 유전적으로는 불가능한 자신의 꿈을 이루게 됩니다. 국가가 개인의 유전자 정보를 관리하는 것이 먼 미래나 영화 속 이야기만은 아닙니다. 우리나라에서도 'DNA 신원 확인 정보의 이용 및 보호에 관한 법률'을 제정하여 2010년도부터 적용하고 있습니다. 살인·강간·성폭행·방화 등 강력 범죄를 저지른 사람의 DNA를 데이터베이스화하여 관리한다는 내용입니다. DNA는 침, 혈액, 정액, 뼈, 머리카락, 피부 조직 등에서 추출할 수 있습니다. 그래서 침이 묻은 컵이나 담배꽁초, 사용했던 장갑, 만졌던 물건, 심지어 유리창에 찍힌 지문에서도 뽑아낼 수 있다고 합니다.

   1) DNA 데이터베이스의 장점과 단점은 무엇인가요?

   2) 어떤 분야의 민간 기업이 DNA 정보에 관심이 많을까요?

   3) 앞으로 불법적인 DNA 수집이 확산할 때 내 DNA를 노출하지 않으려면 어떻게 행동해야 할까요?

2. 개인의 위치를 파악하여 얻은 정보를 바탕으로 제공되는 통신 서비스가 많아지고 있습니다. 주변의 식당, 약국, 병원을 알려 준다든지 연인이나 친구 사이에 서로의 위치를 추적하게 해 주는 스마트폰 애플리케이션도 있습니다. 위치 정보의 수집과 저장으로 생길 수 있는 사생활 침해를 막기 위해 우리나라에도 '위치 정보의 보호 및 이용 등에 관한 법률'이 제정되었습니다. 지금까지 배운 내용을 바탕으로 내가 '위치 정보의 보호 및 이용 등에 관한 법률'을 제정한다면, 꼭 포함해야 한다고 생각하는 조항을 3가지 정도 제안해 봅시다.

1) _____

2) _____

3) _____

뭘 제안해야
할까?

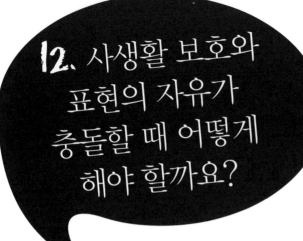

12. 사생활 보호와 표현의 자유가 충돌할 때 어떻게 해야 할까요?

언론·출판의 자유와 사생활 보호의 가치가 충돌하는 상황에 어떻게 대처해야 하는지 토론합니다. 우리는 언론에 의한 사생활 침해에 대비해야 할 뿐 아니라 다른 이의 사생활도 침해하지 않도록 주의를 기울여야 합니다.

"모자이크 처리 해 주세요"

컴퓨터 게임을 좋아하는 박부탁 씨는 게임 중독과 관련된 TV 시사 프로그램에 출연해 달라는 부탁을 받았습니다. 좋은 취지의 방송이라고는 생각했지만, 매일 15시간 이상 게임을 한다는 사실을 인터뷰하고 자신이 실제로 게임을 하는 모습 등을 찍어야 한다는 점 때문에 출연이 내키지 않았습니다. 박부탁 씨의 가족들은 그가 그렇게 게임을 많이 하는 줄은 모르고 있습니다.

방송 제작자는 사람들이 알아볼 수 없도록 음성변조와 모자이크 처리를 해 주겠다고 약속했습니다. 그러나 2주 후, 방송을 본 친척들이 박부탁 씨의 집에 전화해서 그의 부모님을 놀라게 했습니다. 모자이크 처리를 했지만 흐릿하나마 얼굴 윤곽이 드러났고 음성변조는 아예 되어 있지 않았던 것입니다. 일부 친구들은 범죄자처럼 묘사된 그의 모습을 잽싸게 캡처해 미니홈피와 블로그에 올려놓고 우스갯거리로 삼았습니다. 박부탁 씨는 억울했습니다. 방송 출연은 동의했지만 그로 인해 자신의 신분이 드러나는 것에는 동의한 적이 없기 때문입니다.

방송, 신문, 인터넷 포털 사이트와 같은 언론 매체는 표현의 자유를 중요하게 여깁니다. 그러나 이들의 영향력이 큰 만큼 사소한 사생활 침해 사건도 걷잡을 수 없는 결과를 가져올 수 있습니다. 최근에는 스마트폰과 SNS를 통한 정보의 공유까지 더해져 한 번 일어난 사생활 침해를 이전의 상태로 되돌리는 것은 거의 불가능해지고 있습니다.

생각 넓히기 ① 뉴스 보도로 사생활을 침해당한 경우

경찰이 불량 식품 제조 공장에서 최 사장을 체포하는 장면이 TV 뉴스를 통해 방송되었습니다. 체포 당시의 긴박한 상황이 고스란히 담긴 영상에는 사장의 얼굴과 당황한 표정, 목소리도 담겨 있었습니다.

조사를 받는 과정에서 식품 일부에 실수로 상한 재료가 섞인 것은 사실이지만 그동안 생산된 식품 전부가 불량은 아니었다는 것이 밝혀졌습니다. 최 사장은 가벼운 벌금을 물고 풀려났습니다.

그러나 그는 생각할수록 억울한 마음이 들었습니다. 왜 하필 자신의 업체만 TV 뉴스의 소재가 되었는지, 왜 공장 내부가 공개되고 자신의 얼굴과 목소리도 알려져야만 했는지 말입니다. 뉴스를 본 사람들은 체포 당시의 상황만 알기 때문에 최 사장이 언론을 통해 알려진 것만큼 그렇게 나쁜 사람이 아니라는 것을 모르고 있습니다.

그는 방송 책임자에게 전화를 걸어 사생활 침해 문제에 대해 따졌습니다.

최 사장: 우리나라 헌법 17조는 '모든 국민은 사생활의 비밀과 자유를 침해받지 않는다' 고 규정하고 있습니다. 헌법 제21조 4항에서도 언론·출판은 타인의 명예나 권리를 침해해서는 안 된다고 규정하고 있습니다. 그러니 당신들의 보도로 인해 나의 사생활이 심각하게 침해된 문제에 대해 배상하고 정정 보도도 해 주십시오.

방송 책임자: 헌법 17조의 '모든 국민' 이 정말 모든 사람을 가리키는 것으로 생각하십니까? 만일 그 조항의 '모든 국민' 이 일반인 전체를 포함하는 것이라면 방송과 TV 뉴스는 절대 존재할 수가 없습니다. 사람들로 꽉 찬 거리의 모습이나 광장에 모인 사람들을 영상에 담을 때 그 사람들 모두에게 일일이 동의를 구하는 것이 어떻게 가능합니까? 공적인 업무 수행이나 정책 집행, 공적인 이익과 관련된 사건, 사고 등 뉴스 가치가 있는 것으로 판단되는 것은 취재 대상의 동의 없이도 보도하는 것이 관행입니다.

최 사장: 하지만 당신들은 길거리에서 우연히 얼굴을 찍은 게 아니라 내 공장 안에 침입해서 촬영한 게 아닙니까? 경찰은 체포 영장과 수색 영장을 갖고 왔지만 당신들에겐 영장이 없었습니다. 누가 내 공장에 들어와 촬영해도 좋다고 허락했습니까? 당신들은 무단 침입에 사생활 침해, 초상권 침해, 명예훼손을 한 겁니다.

방송 책임자: 이러지 마십시오. 형법 310조는 '명예훼손 행위가 진실한 사실로서 오로지 공공의 이익에 관한 때에는 처벌하지 아니한다' 라고 명시하고 있습니다. 당시 불량 식품에 대한 보도는 공익을 위한 것이었기 때문에 설령 그 과정에서 개인의 사생활이나 명예가 침해된다고 하더라도 저희의 책임은 면제됩니다.

최 사장: 그러나 당신들은 나에게 죄가 정말 있는지 없는지, 있다면 어느 정도나 있는 건지 정확하지 않은 상태에서 보도를 해 버렸기 때문에 허위 보도를 한 것이나 다름없습니다. 당신들은 내가 실제 잘못한 것보다 더 큰 잘못을 한 것처럼 방송했습니다. 그러니 내 사생활을 침해하고 명예를 훼손한 것에 대한 책임을 면할 수 없을 겁니다!

1. 최 사장이 방송으로 인한 사생활 침해를 주장하는 법적인 근거는 무엇인가요?

2. 방송 책임자가 자신들에겐 책임이 없다고 주장하는 법적인 근거는 무엇인가요?

휴대 전화만으로도 사진·동영상의 촬영, 편집, 전송이 가능해지면서 시민의 제보를 적극적으로 권장하는 방송사와 신문사가 많습니다. '모든 시민이 기자'라는 말이 과언이 아닐 정도로 개인 미디어의 시대가 열렸다고도 합니다. 이제는 언론사를 통하지 않고도 개인이 게시한 동영상 하나가 전 사회, 혹은 전 세계에 파문을 일으키는 경우도 종종 볼 수 있습니다.

이특종 씨는 지하철에서 휴대 전화의 기능을 시험하던 중 어떤 남성이 여성의 엉덩이를 슬쩍 만지는 장면을 우연히 촬영하게 되었습니다. 남성의 얼굴과 행동이 고스란히 담겨 있는 동영상이 재밌게 느껴졌던 그는 전송 기능을 이용해서 자신이 활동하는 사이트의 게시판에 즉시 올렸습니다. 동영상을 본 사람들은 제각각 다른 사이트로 퍼 날랐고 소문은 삽시간에 퍼졌습니다. 영상 안에 등장한 남자는 '3호선 변태남'으로 불리며 비난의 대상이 되었습니다. 어떤 사람은 그 남자를 알고 있다며 실명과 사는 곳, 출신 학교, 가족 사항 등을 공개하기도 했습니다. 영상에서 뒷모습만 보이는 여성에 대해서도 사람들은 누구인지 궁금해했고, 이런저런 추측이 쏟아졌습니다.

이 동영상이 화제가 되자 경찰은 그 시간대의 지하철역 내 CCTV를 조사하였고 결국 그 남성을 성추행 혐의로 체포했습니다. 그는 경찰 조사에서 혐의를 인정했지만 자신에 대한 정보를 비롯해 심지어 가족에 대한 정보까지 인터넷을 통해 공개, 유포된 사실을 알고 매우 괴로워했습니다. 피해자인 여성은 성추행범을 처벌하지 않아도 좋으니 자신의 신상에 대해서만큼은 절대 드러나지 않았으면 좋겠다고 말했습니다.

1. 이 동영상이 사회에 미친 긍정적인 영향이 있을까요? 있다면 무엇인가요?

2. 이 동영상이 유포되어 발생한 문제점은 무엇인가요?

3. 당신이 동영상 속 남성이라면 이런 상황에서 어떤 감정을 느낄까요?

4. 당신이 동영상 속 여성이라면 이런 상황에서 어떤 감정을 느낄까요?

5. 당신이 이특종 씨라면 동영상을 촬영하게 된 이후 어떤 행동을 할 건가요?

6. 위의 사례와 비슷하게 인터넷에서 가해자로 지목된 사람이 종종 심각한 비난을 당하는 경우가 있습니다. 이러한 현상을 '여론 재판'이라고 합니다. 여론 재판이 사회에 미치는 순기능과 역기능을 각각 제시해 봅시다.

생활에 적용하기

1. 수사 중인 피의자의 신상을 언론에 대대적으로 공개하는 것에 대한 찬·반 입장을 읽고 한쪽을 선택해 지지 입장을 밝혀 봅시다.

찬: 반인륜적인 범죄를 저지른 사람의 얼굴과 신상을 공개하는 것은 국민의 알 권리에 해당한다고 생각한다. 또 다른 피해자가 생기는 것을 막을 수 있고 시민의 제보가 수사에 도움을 줄 수도 있다. 잠재적인 범죄자들에게 경고의 메시지가 될 수 있어 범죄 예방에 도움이 될 것이다.

반: 아직 사법부의 판결을 받지 않은 피의자의 신상을 공개하는 것은 무죄 추정의 원칙에 맞지 않는다. 언론에 의해 선판결 또는 낙인의 위험성이 있고, 공정한 재판을 받을 권리를 침해할 수 있다. 피의자를 비롯한 주변 사람들의

사생활과 인격권이 침해된다. 유죄 판결을 받는다면 정해진 벌 외에 신상 공개로 인한 고통까지 더해져 이중처벌이 된다. 무죄 판결을 받아도 사회적인 낙인이 찍혀 일상생활을 제대로 해나갈 수 없을 것이다.

나의 의견:

_____

_____

_____

_____

2. 다음 글을 읽은 뒤 잘 생각해 보고, 아래의 사람들을 공인과 공인이 아닌 사람으로 나누어 봅시다.

보통 공인(公人)이라고 불리는 유명한 사람들은 그렇지 않은 사람들보다 언론이 더 많이 주목하고, 그만큼 사생활이 자주 침해당합니다. 미국의 공적 인물(Public figure)이론에서는 '공적 인물은 공적 관심의 대상이기 때문에 사생활을 공개하는 것이 원칙적으로 사생활의 비밀을 침해하는 것이 아니다. 공적 인물이란 그의 지위, 재능, 명성, 생활양식 또는 인기 등에 의해 명사가 된 자를 말하는데, 여기에는 정치인, 고위 공무원, 배우, 운동선수 등 자발적으로 유명 인사가 된 경우와 범인과 그 가족, 피의자 등처럼 비자발적으로 유명 인사가 된 경우가 있다'라고 규정하고 있습니다. 우리나라는 대법원과 헌법재판소 판례에서 "공직자의 도덕성, 청렴성이나 그 업무 처리가 정당하게 이루어지고 있는지는 항상 국민의 감시와 비판의 대상이 되어야 한다는 점을 고려하면, 이러한 감시와 비판 기능은 그것이 악의적이거나 현저히 상당성을 잃은 공격이 아닌 한 쉽게 제한되어서는 아니 된다"라고 하여 사생활 보호와 관련해서 공적 인물과 사적 인물 사이에 차이가 있음을 인정하고 있습니다.

그러나 공인(公人)의 범위를 어디까지 해야 하는가, 공인이라 하더라도 반드시 보호받아야 하는 사생활은 무엇인가에 대해서는 사회와 개인마다 입장이 다릅니다. 우리나라에서도 언론에 의한 사생활 침해 논란이 있을 때마다 공인(公人)의 범위에 대해 다양한 의견이 쏟아집니다.

코미디언 김영희 / 교장 선생님 / 배우 김갑수 / 정치인 / 가수 2PM / 고위 공무원 / 축구 선수 박지성 / 교수 / 피겨 스케이팅 선수 김연아 / 범죄자 / TV 프로그램 〈생활의 달인〉에서 '달인'이 된 사람

1) 공인은 누구인가요? 이유는 무엇인가요?

2) 공인에 해당하지 않는 사람은 누구인가요? 이유는 무엇인가요?

고등학생을 위한 민주주의 **사생활편**

사생활 나의 비밀, 나의 자유

ⓒ민주화운동기념사업회, 2011

초판 1쇄 2011년 6월 30일 펴냄

엮고 쓴이 | 양설 · 최성은 **펴낸이** | 강준우 **기획 · 편집** | 김진원, 문형숙, 심장원, 이동국, 이연희
외주 디자인 | 김경미 **마케팅** | 박상철, 이태준 **관리** | 김수연
펴낸곳 | 인물과사상사 **출판등록** | 제17-204호 1998년 3월 11일
주소 | (121-839) 서울시 마포구 서교동 392-4 삼양빌딩 2층 **전화** | 02-471-4439 **팩스** | 02-474-1413
홈페이지 | www.inmul.co.kr | insa@inmul.co.kr
ISBN 978-89-5906-186-0 44300
ISBN 978-89-5906-133-4 (세트)
값 9,000원